1 MONTH OF FREE READING

at
www.ForgottenBooks.com

By purchasing this book you are eligible for one month membership to ForgottenBooks.com, giving you unlimited access to our entire collection of over 1,000,000 titles via our web site and mobile apps.

To claim your free month visit:
www.forgottenbooks.com/free991020

* Offer is valid for 45 days from date of purchase. Terms and conditions apply.

ISBN 978-0-332-68712-4
PIBN 10991020

This book is a reproduction of an important historical work. Forgotten Books uses state-of-the-art technology to digitally reconstruct the work, preserving the original format whilst repairing imperfections present in the aged copy. In rare cases, an imperfection in the original, such as a blemish or missing page, may be replicated in our edition. We do, however, repair the vast majority of imperfections successfully; any imperfections that remain are intentionally left to preserve the state of such historical works.

Forgotten Books is a registered trademark of FB &c Ltd.
Copyright © 2018 FB &c Ltd.
FB &c Ltd, Dalton House, 60 Windsor Avenue, London, SW19 2RR.
Company number 08720141. Registered in England and Wales.

For support please visit www.forgottenbooks.com

Druck von Dr. Franz Paul Datterer & Cie., G. m. b. H., München-Freising.

Oberster Schulrat.

Vorsitzender:

S. Exzellenz *Dr. Anton Ritter von Wehner*, K. Staatsminister des Innern für Kirchen- und Schulangelegenheiten und Staatsrat i. o. D.

Referenten:

August Schätz, K. Ministerialrat.
Julius Blaul, K. Ministerialrat.

Mitglieder:

Dr. Nikolaus Wecklein, K. Oberstudienrat und Rektor des Maximiliansgymnasiums in München.
Dr. Wolfgang Ritter von Markhauser, K. Oberstudienrat und Gymnasialrektor a. D. in München.
Dr. Hermann Wilhelm Breymann, o. ö. Universitätsprofessor in München.
S. Magnifizenz *Dr. Walter Ritter von Dyck*, Rektor der techn. Hochschule in München.
Michael Krück, K. Oberstudienrat und Rektor des Realgymnasiums in Würzburg.
Dr. Georg Ritter von Orterer, K. Oberstudienrat und Rektor des Luitpoldgymnasiums in München.
Christoph Dietsch, K. Oberstudienrat und Rektor des Realgymnasiums in München.
Johann Gerstenecker, K. Oberstudienrat und Rektor des alten Gymnasiums in Regensburg.
Dr. Andreas Lipp, o. ö. Professor der techn. Hochschule in München.
Dr. Bernhard Ritter von Arnold, K. Oberstudienrat und Rektor des Wilhelmsgymnasiums in München.
Dr. Otto Crusius, Grofsherz. Bad. Geh. Hofrat und o. ö. Universitätsprofessor in München.
Wilhelm Schremmel, K. Studienrat und Rektor der Realschule in Traunstein.

Aufserordentliches Mitglied:

Dr. Hubert von Grashey, Obermedizinalrat im K. Staatsministerium d. Innern.

I.

Verzeichnis der Anstalten

und der

an denselben wirkenden Lehrer für sprachliche Fächer, Religion und Mathematik und der pragmatischen Lehrer für Zeichnen.

(Die Ordinarii sind nach dem Dienstalter aufgeführt. P. = Pater, Pr. = Priester, R. = Religion, M. = Mathematik, N. = Neuere Sprachen, NW. = Naturwissenschaften, Real. = Realien, Z. = Zeichnen.)
x = nicht Mitglied d. B. G.-Lehrervereins.

A. Humanistische Gymnasien.

1. Amberg (gegr. 1626).
Frequenz: 396.

G.R.: Dr. Michael Zink.
K.R.: Ferdinand Flessa.
G.Pr.: Mich. Jos. Hofmann. *x*
Franz Xaver Lommer.
Georg Hertzog.
Dr. Ernst Gust. Häfner.
Dr. Max Glaser.
Ludw. Stadlmann, Pr. (R.).
Ludwig Ruchte (M.).
Dr. Christian Ernst (M.). *x*
Ferdinand Horneber (N.).
Johann Drescher.
G.L.: Dr. Julius Denk.
Dr. Wilhelm Schnupp.
Wilhelm Vollnhals.
Friedrich Schöntag (Z.).
G.A.: Karl Feldl.
Rupert Schreiner.
Ludwig Unterseher.

2. Ansbach (gegr. 1528).
Frequenz: 271.

G.R.: Dr. Georg Helmreich.
G.Pr.: August Schleufsinger.
Dr. Adolf Ebert.
Dr. Bernh. Gerathewohl.
Dr. Theodor Preger.
Dr. Otto Schwab.
Karl Hofmann (M.).
Dr. Hans Hefs (M.).
G.L.: Gottlieb Reuter.
Dr. Wilhelm Fritz.
Dr. Joseph Kopp.
Dr. Friedrich Klein (N.).
G.A.: Karl Philipp Schmitt.

3. Aschaffenburg (gegr. 1620).
Frequenz: 449.

G.R.: Dr. Johann Straub.
K.R.: Dr. Philipp Weber.

G.Pr.: Franz Abert.
Johann Demling.
Albert Mühl.
Joseph Probst.
Joh. B. Kullmann, Pr. (R.).
Joseph Gallenmüller (M.).
Dr. Emil Klein (M.).
Dr. Georg Hart (N.).

G.L.: Joseph Weifs.
Dr. Heinrich Wagner.
Albert Fuchs.
Wendelin Renz.
Karl Günther.
Joseph Jakob.

G.A.: Dr. Ludwig Weigl.
Philipp Heger.
Hermann Ketterer.
Ludwig Büttner.
Dr. Friedrich Müller (M.).

4. Augsburg,
Gymnasium St. Anna (gegr. 1531).
Frequenz: 295.

G.R.: Karl Hofmann.

G.Pr.: Dr. Ludwig Bauer.
Dr. Karl Köberlin.
Siegmund Fries.
Dr. Georg Hüttner.
Dr. Paulus Geyer.
Dr. Ludwig Bergmüller.
Dr. Hermann Sörgel.
Markus Redenbacher (R.). x
Karl Kniefs (M.).
Dr. Gottlieb Herting (M.).
Dr. Jakob Friedrich (N.).
Wilhelm Schmidt.
Erhard Wittmann (Z.).

G.L.: Karl Hartmann.
Friedrich Beyschlag.

G.A.: Theodor Lang.
Adolf Westerich.

5. Augsburg,
Gymnasium St. Stephan, O. S. B.
(gegr. 1828).
Frequenz: 536.

G.R.: Dr. *P.* Walter Weihmayr. x

G.Pr.: Dr. *P.* Theobald Labhardt,
Abt d. Stiftes St. St.
Dr. *P.* Beda Grundl.
Dr. *P.* Bernhard Seiller. x
P. Adolf Scheck, Sem.-Dir.
Dr. *P.* Eugen Hufmayr. x
P. Hugo Schmölzer. x
P. Ferd. Eichinger (M.).

G.L.: *P.* Anselm Eberhard. x
P. Richard Hirschvogel. x
P. Ernst Stöhr.
Dr. *P.* Joseph Maria Einsiedler. x
Dr. *P.* Herm. Bourier. x
P. Alfons Kellner (R.). x
P. Hieron. Prexel (R.). x
Dr. *P.* A. Eckerlein (M.). x
Dr. *P.* Plazid. Glogger (N.). x

G.A.: Alois Dersch. x
Dr. Hans Stroh.
Karl Weber.
Joseph Bauernfeind.
Friedrich Lötz (M.).

6. Bamberg,
Altes Gymnasium (gegr. 1586).
Frequenz: 367.

G.R.: Rudolf Klüber, Oberstudienrat.

G.Pr.: Dr. Anton Schubert.
Dr. Johann Schmaus.
Dr. Martin Gückel.
Dr. Ludwig Wolfram.
Hans Probst.
August Banzer, Pr. (R.).
Gotthold Sabel (R.).
Georg Kainz (M.).
Dr. Friedrich Fuchs (M.).
Dr. Bruno Herlet (N.).
Johannes Braun.

G.L.: Adam Spindler.
Veit Fischer.
Friedrich Wucherer.
Dr. Karl Sartori.
Ludwig Bruner.
Max Merlack (Z.).
G.A.: Joseph Scherbauer.

7. Bamberg,
Neues Gymnasium (gegr. 1890).
Frequenz: 502.

G.R.: Andreas Schmitt.
K.R.: Dr. Franz Birklein.
G.Pr.: Ignaz Schneider. *x*
Oskar Krenzer.
Rudolf Wölffel.
Hermann Pfirsch.
Georg Frauenhofer, Pr. (R.).
Gotthold Sabel (R.).
Hans Gretsch (M.).
Dr. Karl Bindel (M.). *x*
Friedr. Beck (N.). *x*
Ludwig Böhm.
Gustav Vollmann.
August Wollenweber.
G.L.: Moritz Treuner.
Joseph Weikl.
Dr. Wilhelm Schott.
Joseph Sellinger. *x*
Max Amann.
Dr. Anton Gruber.
G.A.: Ludwig Heigl. *x*
Johann Kistner (M.).

8. Bayreuth (gegr. 1664).
Frequenz: 388.

G.R.: Dr. Friedrich Schmidt.
K.R.: Georg Osberger.
G.Pr.: Karl Herm. Zwanziger.
Dr. Wilhelm Brunco.
Willibald Preis.
Max Scholl.
Karl Nägelsbach (R.).
Dr. Heinr. Sievert (M.).
August Geist (N.).
Friedrich Böhnke.
Julius Stiefel.
Moritz Gürsching.
G.L.: Friedr. Lederer.
August Kraus (M.).
Max Hessel (Z.).
G.A.: Gustav Sattler.
Heinr. Sell.
Isidor Königsdorfer. *x*
Dr. Otto Gebhardt. *x*
Philipp Finger. *x*

9. Burghausen
(gegr. ca. 1530. Gymn. 1872).
Frequenz: 323.

G.R.: Dr. Andreas Deuerling.
G.Pr.: Clemens Cammerer.
Richard Schreyer.
Hermann Paur.
Hr. Faltermayer, Pr.(R.).
Franz Weinberger (M.).
Joseph Heigl (M.).
Michael Schaller (N.).
Karl Laumer.
G.L.: Cölestin Kuissel.
Johann Herrlein.
Franz Ramsauer.
Adolf Haslauer.
G.A.: Dr. Franz Winter.
Joseph Hertel.

10. Dillingen (gegr. 1549).
Frequenz: 485.

G.R.: Dr. Sebastian Englert.
K.R.: Johann Nepom. Gröbl.
G.Pr.: Ferdinand Vogelgsang.
Joh. Bapt. Ungewitter.
Matthias Graf.
Joseph Harbauer.
Frz. Xav. Mayer, Pr. (R.).
Georg Bäumler (M.).
Andreas Ulsamer.
G.L.: Johann Ev. Haberl.
Michael Himmelstofs. *x*
Ludwig Derleth. *x*
Dr. Ernst Wüst.

Franz Xaver Kohler.
Karl Wolf.
Dr. Joh. Bauerschmidt.
Karl Rauschmayer (M.).
Primus Walter (N.).
G.A.: Karl Grofs.
Rudolf Frobenius.
Adolf Hornung (M.).

11. Eichstätt (gegr. 1839).
Frequenz: **321.**
G.R.: Franz Xaver Pflügl.
G.Pr.: Dr. Joh. Gg. Brambs.
Benno Helmsauer.
Dr. Matthäus Döll.
Dr. Alois Hämmerle.
Joseph Schneid, Pr. (R.). x
Karl Betz (M.).
Karl Bafsler (M.).
Dr. Heinrich Dhom (N.).
Adam Emminger.
G.L.: Franz Wirth.
Friedrich Degenhart, Pr.
Georg Ledermann.
Joseph Kiener (Z.).
G.A.: Friedrich Nüzel.

12. Erlangen (gegr. 1745).
Frequenz: **265.**
G.R.: Karl Dietsch.
G.Pr.: Dr. Ernst Popp.
Johannes Griefsbach.
Dr. Christoph Schöner.
Dr. Heinrich Beckh.
Dr. Karl Wunderer.
Christian Künneth.
Siegmund v. Raumer.
Dr. Ernst Schöner (M.).
Dr. Johann Martin (N.).
G.L.: Mich. Kroher.
Dr. Jul. Leidig.
Dr. Karl Strehl (M.).
Franz Nägle (Z.).

13. Freising (gegr. 1827).
Frequenz: **418.**
G.R.: Dr. Joseph Scheibmaier.

K.R.: Otto Lang.
G.Pr.: Philipp Will.
Karl Baur.
Franz Prestel.
Dr. Joseph Lindauer.
Dr. Frz. X. Pongratz.
Meinrad Sirch.
Edmund Seiser.
Alois Mayer, Pr. (R.).
Frz. Xav. Reichart (M.).
Dr. Barth. Wimmer (M.).
Bernhard Freyberg (N.).
Georg Gürthofer.
Eduard Hailer.
Dr. Franz Schühlein.
G.L.: Adolf Wurm.
Frz. Xaver Stubenrauch.
Joseph Schubeck (M.).
G.A.: Dr. Andr. Bauer (N.).

14. Fürth (gegr. 1896).
Frequenz: **295.**
G.R.: Dr. Siegmund Preufs.
G.Pr.: Dr. Friedrich Vogel.
Dr. Heinrich Schiller.
Theodor Neidhardt.
Dr. Georg Brünner (R.). x
Karl Meinel (M.). x
Friedrich Derrer (N.).
Johannes Pickel.
Friedrich Plochmann. x
G.L.: Richard Bertholdt.
Konrad Gleber.
Dr. Ludwig Heinlein.
Dr. Gotthilf Haffner (M.).
G.A.: Peter Kellermann.
Albert Dexel. x

15. Günzburg a. D. (gegr. 1900).
Frequenz: **276.**
G.R.: Dr. Alfons Steinberger.
G.Pr.: Hermann Hoffmann.
Dr. Max Bencker.
Dr. Burkard Weifsen-
berger.

AndreasSpindler,Pr.(R.).
FranzScheuermayer (M.).
Erhard Spindler (N.).
G.L.: Anton Schub.
Augustin Hafner.
Dr. Eugen Heel.
Ludwig Forster.
Heinrich Diesbach (M.).
G.A.: Karl Hemmerich.
Gustav Klör.

16. Hof (gegr. 1546).
Frequenz: 257.

G.R.: Dr. Hermann Hellmuth.
G.Pr.: Hans Fugger.
Paul Meyer.
Dr. Jakob Haury.
Franz Adami (M.).
Hans Kiefsling (M.).
Dr. Georg Buchner (N.).
G.L.: Heinrich Buchholz.
Christian Welzel.
Dr. Franz Hümmerich.
Karl Kroder.
Gust. Schmidt.
G.A.: Dr. Oskar Küspert.

17. Ingolstadt (gegr. 1898).
Frequenz: 272.

G.R.: Dr. Georg Gött.
G.Pr.: Dr. Friedrich Hofmann.
Dr. Max Offner.
Dr. Arnold Pischinger.
Anton Hofmann, Pr. (R.).
Wilhelm Bödl (M.).
Georg Werr (N.).
Joseph Bleicher.
Joseph Stadler.
Franz Kiefsling.
G.L.: Hugo Kögerl.
Dr. Christian Riedel.
Dr. Nikol. Schmidt (M.).
G.A.: Friedrich Rödel.
Johann Ender.

18. Kaiserslautern (gegr. 1872).
Frequenz: 360.

G.R.: Karl Lösch.
G.Pr.: Dr. Joh. Bapt. Sturm.
Dr. Hans Oertel.
Dr. Theodor Gollwitzer.
Rudolf Krafft (R.).
Ferdinand Kissel (M.).
Georg Riedel (N.).
Joseph Pfifsner. x
G.L.: Friedrich Kreppel.
Thomas Reinwald.
Herm. Schreibmüller.
Adam Seufferth.
Karl Bachhuber (M.).
G.A.: Adolf Kreuzeder.
Friedrich Unkelbach. x
Karl Salzgeber. x
Max Nüchterlein.
Theodor Nifsl (M.). x

19. Kempten (gegr. 1804).
Frequenz: 310.

G.R.: Maximilian Hoferer.
St.R.: Georg Meinel.
G.Pr.: Dr. Hans Rosenhauer.
Johann Schmid.
Matth. Marquard, Pr. (R.).
Arthur Mantey-Dittmer,
Freiherr v. (M.).
Theodor Geyr.
Julius Noder.
G.L.: Dr. Karl Roth.
Gustav Spiegel.
Dr. Adalbert Demmler.
Max Schmidt (M.).
Dr. Siegm. Scholl (N.). x
G.A.: Dr. Gottfried Dostler.
Karl Burghofer.

20. Landau (Pfalz) (gegr. 1872).
Frequenz: 339.

G.R.: Dr. Heinr. Wilh. Reich.
G.Pr.: Dr. Eduard Rötter.
David Wollner.
Cölestin Schmid. x

Karl Euler (R.).
Dr. Jakob Didion, Pr.(R.). *x*
Georg Straufs (M.).
Dr. Georg Heeger (N.). *x*
Karl Müller.
G.L.: Eugen Schumacher.
Dr. Fritz Hofinger.
Hans Rheinfelder.
Joseph Grebner.
Friedrich Joerges (M.). *x*
G.A.: Johann Engelhardt.
Joseph Stark.
Wilhelm Krehbiel.

21. Landshut (gegr. 1629).
Frequenz: 436.

G.R.: Jakob Reissermayer.
K.R.: Dr. Andreas Müller, Pr. (M.).
G.Pr.: Dr. Emil Renn.
Dr. Silvan Reichenberger.
Dr. Alois Roschatt.
Joh. Nep. Mosl.
Joh. Schwarzmann, Pr.(R.).
Dr. Alois Zott (M.). *x*
Dr. Karl Geiger (M.).
Heinrich Henz (N.). *x*
Karl Wurm.
Georg Jungwirth.
G.L.: Hans Blank.
Joseph Nieberle.
Hans Hilgärtner.
Johann Geiger.
Dr. Georg Vogel.
Frz. Xav. Träger.
Dr. Anton Huber.
G.A.: Joh. Bapt. Hublocher. *x*
Richard Willer. *x*

22. Lohr (gegr. 1902).
Frequenz: 204.

G.R.: Albert Fehlner.
G.Pr.: Dr. Johann Babl.
Dr. Georg Kinateder.
Wilhelm Summa. *x*
Eduard Müller, Pr. (R.). *x*

Heinrich Krehbiel (M.).
Dr. Andr. Rosenbauer (N.).
Michael Vierheilig.
Joseph Thannheimer.
G.L.: Dr. Karl Mederle. *x*
Alb. Neugschwender (M.). *x*
G.A.: Engelbert Müller.
Dr. Alois Lau.
Franz Schraub.

23. Ludwigshafen a. Rh.
(gegr. 1898).
Frequenz: 270.

G.R.: Dr. Philipp Stumpf.
G.Pr.: Dr. Heinrich Zimmerer.
Ewald Mann.
Eugen Rech.
Gottlob Kemlein (M.).
Dr. Paul Kiene (N.).
G.L.: Peter Demmel. *x*
Heinrich Büttner.
Martin Matz.
Dominicus Bimann.
Karl Jahraus (M.).
G.A.: Michael Morhard.
Dr. Albert Becker.

24. Metten,
Kathol. Gymnasium O. S. B. (gegr. 1837).
Frequenz: 355.

G.R.: P. Godehard Geiger.
G.Pr.: P. Benno Linderbauer.
P. Paul Marchl.
P. Bernhard Ponschab.
P. Otmar Stauber. *x*
P. Cölestin Pellkofer. *x*
P. Bonifaz Rauch. *x*
P. Willibald Adam. *x*
P. Benedikt Contzen (R.). *x*
P. Amand Meyer (M.). *x*
P. Rupert Hauth (M.). *x*
P. Emmeran Kappert (M). *x*
P. Michael Huber (N.). *x*
G.A.: Christoph Dimpf.
Franz Dexel.
Karl Steger.

25. München,
Ludwigsgymnasium (gegr. 1824).
Frequenz: 731.

G.R.: Dr. Friedr. Ohlenschlager.
K.R.: Joseph Senger.
St.R.: Alfons Mayer (N.).
Martin Heid.
G.Pr.: Clemens Hellmuth.
Dr. Hermann Köbert.
Eugen Brand.
Dr. Otto Kronseder.
Gebhard Himmler.
Johann Ev. Woernhoér, Pr. (R.).
Adolf Rohmeder (R.).
Joseph Groll (M.).
Heinrich Jütten (M.).
Richard Penkmayer (M.).
G.L.: Adam Gräf, Pr.
August Dittelberger.
Dr. Johann Kempf.
Michael Amend.
Dr. Georg Maurer.
Jakob Fries.
Dr. Albert Mayr.
Andreas Wahler.
Dr. Seb. Schlittenbauer.
Karl Weinisch (Z.).
G.A.: Dr. Philipp Hofmann.
Joh. Bapt. Rieder.
Dr. Ernst Bruckmooser.
Dr. Ferdinand Gottanka.
Eduard Steinheimer.
Dr. Wilhelm Motschmann.
Peter Niederbauer, Pr.
Siegmund Gayer.
Frz. Paul Wimmer (M.).

26. München,
Luitpoldgymnasium (gegr. 1887).
Frequenz: 761.

G.R.: Dr. Georg Ritter v. Orterer, Oberstudienrat.
K.R.: August Brunner.
St.R.: Gottlieb Effert (M.).
Dr. Theod. Wohlfahrt (N.).
G.Pr.: Johann Eder.
Dr. Ferdinand Ruefs.
Joseph Egenolf.
Dr. Eduard Stroebel.
Dr. Anton Weninger.
Dr. Franz Vollmann.
Joseph Brandl.
Dr. Adalbert Ipfelkofer.
Johann Märkel.
Dr. Jakob Hoffmann, Pr.(R.).
Abraham Böhmländer (R.).
Joseph Zametzer (M.).
Ludw. Sondermaier (M).
Dr. Joseph Johannes (M.).
Friedrich Heffner.
G.L.: Dr. Ludwig Bürchner.
Dr. Ludwig Kemmer.
Dr. Julius Dutoit.
Dr. Georg Lurz.
Dr. Robert Renner.
Dr. Georg Losgar.
Heinrich Morin (Z.).
G.A.: Dr. Michael Rost.
Dr. Otto Büttner.
Leonhard Lösch.
Sebastian Schauerbeck.
Philipp Anselm (N.).

27. München,
Maxgymnasium (gegr. 1850).
Frequenz: 782.

G.R.: Dr. Nikolaus Wecklein, Oberstudienrat.
K.R.: Dr. Benedikt Rothlauf (M.).x
G.Pr.: Sebastian Röckl.
Joseph Wismeyer.
Dr. Thomas Stettner.
Dr. Daniel Kennerknecht.
Dr. Johann Melber.
Dr. Heinrich Diel.
Dr. Johann Praun.
Joseph Flierle.
Dr. Hermann Stadler.
Dr. Georg Ammon.
Dr. Friedrich Littig.
Dr. Otto Stählin.

Hans Mezger (R.).
Dr. Joseph Kögel, Pr. (R.).
Dr. Gottfr. Mayrhofer (M.).
Frhr. Karl v. Stengel (M.).
Christoph Wolff (M.).
Dr. Friedr. Christoph (N.).
G.L.: Dr. Oswald Silverio.
Dr. Bernhard Lindmeyr.
Dr. Friedrich Weber.
Dr. Franz Joetze.
Dr. Eduard Stemplinger.
Dr. Wilhelm Lermann.
Franz X. Zahler (Z.).
G.A.: Dr. Johann Jobst.
Dr. Oskar Meiser.
Kurt Emminger.
Hans Schuster.
Pius Prielmann (M.). x

28. München,
Theresiengymnasium (gegr. 1896).
Frequenz: 789.
G.R.: Johannes Nicklas.
K.R.: Joseph Ducrue (M.).
St.R.: Joseph Obermeier.
Friedr. Borngesser (N.).
G.Pr.: Dr. Anton Mayerhöfer.
Dr. Engelbert Ammer.
Dr. Max Hergt.
Dr. Franz Pichlmayr.
Dr. Karl Hamp.
Dr. Andreas Amend.
Dr. Joseph Menrad.
Martin Winter, Pr. (R.).
Julius Lohmann (R.). x
Ernst Piechler (M.).
G.L.: Georg Kustermann.
Dr. Jakob Vasold.
Dr. Johann Aumüller.
Gottfried Eichhorn.
Gotthard Brunner.
Dr. Friedrich Fischer.
Dr. Alfons Kalb.
Dr. Martin Vogt.
Georg Kefselring.
Dr. August Wendler (M.).

G.A.: Joseph Frank.
Dr. Wilhelm Schäfer.
Georg Hofmann.
Ludwig Thurmayr.
Karl Hirschmann (M.). x

29. München,
Wilhelmsgymnasium (gegr. 1559).
Frequenz: 745.
G.R.: Dr. Bernhard Ritter von Arnold, Oberstudienrat.
K.R.: Johann Waldvogel (M.).
G.Pr.: Dr. Gustav Landgraf.
Dr. Friedrich Gebhard.
Gottlieb Hatz.
Friedrich Lanzinger.
Max Brückner.
Dr. Friedrich Burger.
Dr. Augustin Stapfer.
Dr. Wilhelm Wunderer.
Dr. Karl Neff.
Dr. Heinrich Ludw. Urlichs.
Dr. Oskar Hey (beurlaubt).
Frz. Xaver Girstenbräu Pr. (R.).
Wilhelm Engelhardt (R.).
Wilhelm Winter (M.).
Franz X. Dicknether (M.).
Adolf Schwanzer (M.).
Dr. Michael Waldmann (N.).
G.L.: Heinrich Moritz.
Dr. Ernst Bodensteiner.
Dr. Albert Rehm.
Dr. Paul Joachimsen.
Johann Inglsperger.
Dr. Karl Kuchtner.
Dr. Joseph Hirmer.
Dr. Wilhelm Heindl.
G.A.: Dr. Hans Loewe.
Joseph Loy.
Johann Futterknecht.
Ernst Enzensperger (M.).

30. Münnerstadt (gegr. 1660).
Frequenz: 228.
G.R.: Dr. Wilhelm Zipperer.

G.Pr.: *P.* Alfons Abert, O.S.A. *x*
Dr. Kaspar Stuhl.
Dr. Herm. Roppenecker.
Johann Faulland (M.).
Max Eder.
G.L.: Konrad Röttinger.
P. Gelasius Kraus, O.S.A.
Joseph Schnetz.
Rudolf Blümel. *x*
Dr. August Kübler (N.).
G.A.: *P.* Godhard Brune. *x*
P. Philipp Erhart (M.). *x*

31. Neuburg a. D. (gegr. 1620).
Frequenz: 270.
G.R.: Dr. Karl Rück.
G.Pr.: Dr. Ludwig Alzinger.
Dr. Joseph Amsdorf.
Emil Krell.
Karl Lämmermeyer, Pr. (R.). *x*
Dr. Georg Riefs (M.).
Johann Neumaier (N.). *x*
G.L.: Karl Retzer.
Dr. Johann Wölfle.
Dr. Johann Baptist Weber.
Dr. Karl Albert.
Johann Brunner.
Emil Fick (M.).
G.A.: Johann Seemüller.

32. Neustadt a. H. (gegr. 1880).
Frequenz: 293.
G.R.: Jakob Müller, Oberstudienrat.
St.R.: Georg Osthelder.
G.Pr.: Friedrich Roth.
Dr. Heinrich Lieberich.
Nikol. Donauer, Pr. (R.). *x*
Dr. Vinzenz Nachreiner (M.).
Dr. Karl Stöhsel (N.). *x*
G.L.: Christian Witzel.
Dr. Emil Henrich.
Karl Tavernier.
Franz Gaiser.
Dr. Richard Frese.
Karl Brater (M.).
G.A.: Kaspar Höfs.

33. Nürnberg,
Altes Gymnasium (gegr. 1526).
Frequenz: 466.
G.R.: Dr. Philipp Thielmann.
K.R.: Ludwig Kraufs.
St.R.: Dr. Wilhelm Ebrard.
G.Pr.: Dr. Karl Fleischmann.
Dr. Emil Reichenhart.
Dr. Karl Zink.
Dr. Albrecht Köhler.
Dr. Hermann Braun.
Dr. Hugo Steiger.
Dr. Wilhelm Guthmann.
Friedrich Eckerlein (R.).
August Orgeldinger, Pr. (R.).
Hermann Held (M.).
Dr. Friedrich Eberle (M.).
August Wolffhardt (M.).
Dr. Richard Ackermann (N.).
Friedrich Uebel.
Georg Krämer (Z.).
G.L.: Dr. Wilhelm Purpus.
Gustav Scholl.
Dr. Max Schunck.
G.A.: Dr. Wilhelm Bachmann.
Ferdinand Degel.
Robert Prell.
Franz Flasch. *x*
Franz Ewald. *x*
Georg Heinrich (M.). *x*

34. Nürnberg.
Neues Gymnasium (gegr. 1889).
Frequenz: 518.
G.R.: Friedrich Mayer.
K.R.: Eduard Grofs.
G.Pr.: Dr. Karl Frommann.
Hans Kern.
Adolf Zucker.
Karl Michal.
Dr. Wilhelm Kalb.
Wilhelm Rosenmerkel.
Joh. Bapt. Ullrich.
Dr. Ludwig Hahn.

Dr. Joh. Jak. Blaufufs (R.).
August Orgeldinger, Pr. (R.).
Ludwig Keck (M).
Gottlob Fischer (M.).
Georg Busch (M.).
Christian Eidam (N.).
Georg Türk.
G.L.: Richard Bezzel.
Johannes Bohne.
Martin Schirmer (Z.).
G.A.: Dr. Gustav Riedner.
Theodor Helmreich.

35. Passau (gegr. 1611).
Frequenz: 481.
G.R.: Dr. Max Seibel.
K.R.: Joseph Fink.
G.Pr.: Franz Xaver Binhack. x
Hans Liebl.
Dr. August Wagner.
Joseph Schmid.
Georg Griesmaier.
Dr. Friedrich Kraus.
Dr. Sebastian Matzinger.
Dr. Otto Weiherer, Pr. (R.).
Georg Zierer (M.).
Franz Kumpfmüller (M.).
Friedrich v. Fabris (M.).
Georg Dürnhofer.
Ludwig Wafsner.
G.L.: Eugen Berger.
Georg Hugo Lochner.
Dr. Franz Joseph Engel.
Joseph Metzner.
Dr. Franz Schmidinger.
Hans Hillebrand.
Dr. Johann Schlelein.
Hermann Lüst (N.).
Martin Röhrl (Z.).
G.A.: Dr. Aug. Steier.
Dr. Gerhard Lindner (M.).

36. Regensburg,
Altes Gymnasium (gegr. 1537).
Frequenz: 659.
G.R.: Johann Gerstenecker, Oberstudienrat.
K.R.: Georg Aug. Steinmetz.
St.R.: Anton Obermaier.
G.Pr.: Georg Eberl.
Dr. Heinrich Ortner.
Dr. Georg Wild.
Dr. Karl Günther.
Dr. Heinrich Schneider.
Dr. Karl Hoffmann.
Dr. Ernst Knoll.
Dr. Karl Raab.
Dr. Robert Thomas.
Franz Joseph Käfs, Pr. (R.).
Markus Siebengartner, Pr. (R.).
Max Lagally (M.).
Dr. Joh. Bärthlein (M.).
Franz Petzl (M.).
Dr. Theod. Link (N.).
Michael Pöllinger.
Hans Heinisch.
Ludwig Seywald.
G.L.: Joseph Lirk.
Dr. Gustav Tröger.
Heinrich Januel.
August Hugel.
Joseph Altheimer (Z.).
G.A.: Wilhelm Streib.
Franz Daschner (M.).

37. Regensburg,
Neues Gymnasium (gegr. 1880).
Frequenz: 577.
G.R.: Dr. Alois Patin.
K.R.: Dr. Philipp Keiper.
St.R.: Karl Theodor Pohlig (Z.).
G.Pr.: Dr. Joseph Streifinger, Pr.
Dr. Hans Scheftlein.
Albert Winter.
Dr. Friedrich Schlnnerer.
Dr. Heinrich Leipold.
Friedrich Walter.
Dr. Hermann Schott.
Franz Jos. Koch, Pr. (R.).
Dr. Franz Rinecker (M.).
Adolf Pappit (M.).
Heinrich Künneth (M.).
Dr. Heinrich Ungemach (N.).

— 14 —

    Jakob Barthel.
    Heinrich Volk.
    Franz Stefl.
    Franz Joseph Hartmann.
G.L.: Heinrich Lamprecht.
    Joseph Schmatz.
    Adolf Fürst.
    Edmund Reng.
G.A.: Hans Kitzmann.

38. Rosenheim (gegr. 1896).
Frequenz: 299.

G.R.: Max Miller.
G.Pr.: Dr. Jakob Schäfler.
    Dr. Oskar Hoppichler.
    Friedrich Bürkmayr.
    Georg Maurer, Pr. (R.). x
    Joseph Schreiner (M.).
    Dr. Artur Raumair (N.).
    August Needer.
    Joseph Richter.
    Ludwig Ettenreich.
G.L.: Robert Ruckdeschel.
    Hermann Mager.
    Theodor Steininger (M.).
G.A.: Franz Seibel.
    Joseph Edenhofer. x

39. Schweinfurt (gegr. 1634).
Frequenz: 258.

G.R.: Valentin Völcker.
G.Pr.: Rudolf Schwenk.
    Heinrich Kästner.
    August Keppel.
    Dr. Hans Fertig.
    Christian Hartmann (M.).
    Friedr. Meinel (M.).
    Dr. Herm. Moeller (N.).
G.L.: Dr. Johann Stöcklein.
    Dr. Karl Weifsmann.
    Eduard Pietzsch.
    Hans Fischl.
G.A.: Otto Piton.

40. Speyer (gegr. 1540).
Frequenz: 388.

G.R.: Dr. Joseph Degenhart.
K.R.: Karl Hoffmann (M.).
St.R.: August Nusch.
G.Pr.: Albert Kennel.
    Karl Bauer.
    Dr. Lukas Grünenwald.
    Dr. Karl Hammerschmidt.
    David Weifs.
    Jakob Lebon, Pr. (R.).
    Dr. Ludwig Gümbel (R.).
    Karl Hollidt (N.).
    Friedrich Hildenbrand. x
G.L.: Johann Haaf.
    Karl Götz. x
    Friedrich Stopper.
    Wilhelm Pleimes.
    Heinrich Kübel.
    Georg Jakob.
    Dr. Heinr. Wieleitner (M.).
    Julius Griebel (Z.).
G.A.: Dr. Georg Bürner.
    Georg Karg (M.). x
    Karl Käb (N.). x

41. Straubing (gegr. 1631).
Frequenz: 352.

G.R.: Karl Welzhofer.
G.Pr.: Alois Lommer.
    Dr. Georg Hauck.
    Friedrich Lederer.
    Karl Unterstein, Pr. (R.). x
    Dr. Joh. Bapt. Gebert (M.).
    Friedrich Bogner (M.).
    Dr. Alois Tüchert (N.).
    Joseph Harl.
    Georg Römer.
G.L.: Franz Xaver Auer.
    Richard Rösel.
    Franz Kraus.
    Johann Hofmann.
    Gregor Demm.
    Friedrich Michel (Z.).
G.A.: Dr. Max Stocker.
    Joseph Zellerer.

42. Weiden (gegr. 1904).
Frequenz: 208.

G.R.: Franz Ehrlich.
G.Pr.: Dr. Wilhelm Fronmüller.
Dr. Georg Diem (M.).
G.L.: Johann Schrödinger.
Joseph Maunz.
Johann Martin.
Karl Kappler.
G.A.: Karl Enzinger.

43. Würzburg.
Altes Gymnasium (gegr. 1561).
Frequenz: 643.

G.R.: Kaspar Hammer.
K.R.: Joseph Lengauer (M.).
G.Pr.: Jakob Eibel.
Dr. Peter Schmitt.
Dr. Franz Lell.
Dr. Nikolaus Spiegel.
Dr. Heinrich Reffel.
Adam Stummer.
Dr. Beda Löhr, Pr. (R.). x
Ludwig Grofs (M.). x
Dr. Gg. Steinmüller (N.).
Max Weber.
Dr. Joh. Klem. Hufslein.
G.L.: Dr. Aug. Heisenberg.
Dr. Karl Bullemer.
G.A.: Hans Abert.
Joseph Karch.
Hermann Wiehl.
Konrad Meyer.
Dr. Konrad Schodorf.
Joh. Zwerenz.
Alois Geifsler.
Adolf Baumann.
Karl Steidl (M.).

44. Würzburg,
Neues Gymnasium (gegr. 1886).
Frequenz: 743.

G.R.: Adam Bergmann, Oberstudienrat.
K.R.: Michael Drechsler.
St.R.: Dr. Nikolaus Feeser.
G.Pr.: Dr. Johann Nusser.
Dr. Bartholomäus Baier.
Dr. Leonhard Lutz.
Dr. Anton Reiter.
Dr. Leonhard Dittmeyer.
Dr. Joseph Sturm.
Dr. Karl Reisert.
Dr. Timotheus Öchsner Pr. (R.). x
Eduard Vogt (M.). x
Dr. Max Zwerger (M.).
Dr. Hans Modlmayr (N.).
Joseph Füger.
Friedrich Dusch.
G.L.: Eduard Nirmaier. x
Johann Siebenhaar.
Dr. Adam Schwind.
Dr. Valentin Gaymann.
Friedrich Ullrich. x
Max Nett.
Johann B. Diller (M.).
Dr. Georg Faber (M.).
G.A.: August Link.

45. Zweibrücken (gegr. 1558).
Frequenz: 229.

G.R.: Dr. Hans Stich.
G.Pr.: Jakob Herzer.
Rudolf Buttmann.
Dr. Karl Dahl.
Hans Diptmar.
Wilh. Bullemer.
Rudolf Pfleger (R.).
Jakob Reeb, Pr. (R.).
Otto Hoffmann (M.). x
Wolfgang Küffner (M.).
G.L.: Friedrich Leicht.
Wilhelm Egg.
Dr. Julius Schunck.
Wilhelm Pfündl (N.).
G.A.: Dr. Ant. Stutzenberger.

B. Realgymnasien.

1. Augsburg (gegr. 1864).
Frequenz: 897.
G.R.: Dr. Georg Recknagel (M.), Oberstudienrat.
G.Pr.: Anton Stauber. (Real.). x
Dr. Gottlieb Heut (NW.).
Anton Niedling (Z.). x
Ludwig Simmet (Real.). x
Georg Büttner (M.). x
Franz Weinthaler (N.). x
Peter Recht (N.). x
Wilhelm Roos.
Christoph Lederer.
Dr. Max Bisle (R.). x
G.L.: Dr. Hans Ockel.
Dr. Dionys Jobst (Real.).
Raimund Lembert.
G.A.: Ernst Amson (M.). x
Karl Reich.
Alfred Lang.
Dr. Emil Hilb.

2. München (gegr. 1864).
Frequenz: 356.
G.R.: Christoph Dietsch (M.), Oberstudienrat.
G.Pr.: Dr. Wilhelm Braun (M.). x
Dr. Wilhelm Steuerwald (N.). x
Dr. Philipp Ott (N.).
Dr. Anton Gleitsmann.
Dr. Hermann Stöckel (Real.). x
Dr. Ernst Düll (NW.). x
Dr. Max Zistl (M.).
Karl Reichhold (Z.). x
Dr. Joh. Adam Ketterer, Pr. (R.). x
Eugen Düll. x
G.L.: Dr. Karl Reissinger.
Georg Wimmer (Real.). x
Dr. Michael Flemisch.
G.A.: Dr. Peter Maurus (N.). x
Karl Drexel (Real.). x
Alois Schmidt (M.). x

Dr. Anton Glock (Real.). x
Wilhelm Scheufele (M.). x
Dr. Karl Schmid (N.). x

3. Nürnberg (gegr. 1864).
Frequenz: 774.
G.R.: Dr. Wilh. Vogt (Real.). x
K.R.: Leonhard Röder (N.). x
G.Pr.: Dr. Joh. Müller (Real.). x
Dr. A. Heerwagen (NW.). x
Wilhelm Schnell (Z.). x
Dr. Adolf Blümcke (M.).
Dr. Christian Wifsmüller (Real.). x
Dr. Max Martin (R.). x
Wilhelm Georgii.
Joseph Klug (M.).
Friedrich Holler.
G.L.: Dr. Hans Keller.
Dr. Franz Bock (N.). x
Dr. Aug. Caselmann (Real.).
Theodor Heller (M.).
Dr. Heinrich Oertel.
Dr. Rudolf Rast. x
G.A.: Fritz Steiner. x
Julius Plesch.
Ludwig Paul.
Dr. Julius Baer.
Dr. August Radina.
Theodor Steeger
Hans Spandl (Real.). x
Dr. Hugo Zimmermann (N.). x
Dr. Friedr. Boertzler.
Alfred Biedermann (N.). x
Heinrich Morhart (Real.). x
Heinrich Müller. x
Moritz Hirschmann (M.). x

4. Würzburg (gegr. 1864).
Frequenz: 180.
G.R.: Michael Krück (Real.), Oberstudienrat. x

St.R.: Johannes Jent (N.).
G.Pr.: Dr. Otto Hecht (NW.). x
Dr. Georg Neudecker. x
Dr. Leonh. Käsbohrer (M.). x
Max Treppner, Pr. (R.). x
Peter Handel (M.). x
Dr. Stephan Martin.
Max Sedelmaier (Z.). x
Dr. Heinrich Middendorff (N.). x
G.L.: Gabriel Haupt. x
Dr. Adam Goller. x
G.A.: Richard Reinhart (Real.). x

5. München, K. B. Kadettenkorps.
Frequenz: 202.
G.R.: Benedikt Hasenstab, Stud.-Insp.

G.Pr.: Dr. Karl von Reinhardstöttner (N.). x
Dr. Wilh. Götz (Real.). x
Dr. Wilhelm Donle (Phys.). x
Dr. Thomas Bokorny (NW.).
Dr. Johann Schumacher (M.).
Dr. Michael Döberl.
Dr. Heinr. Gafsner (N.). x
Hermann Erhard (M.). x
Ernst Landgraf.
G.L.: Dr. Ernst Kemmer.
G.A.: Karl Hudezeck.

C. Progymnasien.

1. Bergzabern
(als Lateinschule gegr. 1836, als Prog. 1894).
Frequenz: 61.
R.: Heinr. Sponsel.
G.Pr.: Joseph Leiling.
G.L.: Valentin Herdel.
Joseph Zeller.
Karl Brather.

2. Dinkelsbühl
(gegr. durch Umwandlung der seit ca. 1500 bestehenden Lateinschule am 6. Juli 1895).
Frequenz: 59.
R.: Paul Monninger.
G.Pr.: Ludwig Schiller.
G.L.: Lorenz Stürtz.
Anton Heinz.
Friedrich Keppel.
G.A.: Rudolf Bicherl (M.).

3. Donauwörth (gegr. 1897).
Frequenz: 175.
R.: Cornelius Deschauer.

G.L.: Joseph Schreiegg.
Wilhelm Fauner.
Anton Haberl.
Hans Meidinger.
Martin Fieger.
G.A.: Gustav Ballmann (M.). x

4. Dürkheim (gegr. 1606).
Frequenz: 146.
R.: Karl Roth.
G.L.: Heinrich Meyer.
Anton Heeger. x
Georg Knoll.
Philipp Gimmel.
Georg Ernst.
G.A.: Ferdin. Lechner. x

5. Edenkoben (gegr. 1837).
Frequenz: 105.
R.: Dr. Joh. Jos. Herm. Schmitt.
G.L.: Gustav Riester.
Heinrich Krehbiel.
Albert Liedl.
Adolf Flickinger.
Hans Schmidt.

6. Forchheim
(gegr. als Progymn. 1903).
Frequenz: 126.

R.: Wilhelm Schneidawind. x

G.L.: Dr. Hans Räbel.
Franz Xav. Herrnreiter.
Siegmund Baer.
Thomas Ibel (M.).

G.A.: Dr. Johann Will.
Eduard Imhof.

7. Frankenthal (gegr. 1817).
Frequenz: 135.

R.: Alwin Koch.

G.L.: Ignaz Juncker.
Eduard Littig.
Joseph Held.
Dr. Konr. Engelhardt.
Friedrich Pfeiffer (M.).

G.A.: Joh. Meixner.

8. Germersheim (gegr. 1827).
Frequenz: 65.

R.: Franz Hellfritzsch.

G.Pr.: Andreas May.

G.L.: Dr. Peter Huber.
Karl Büttner.
Dr. Joh. Lochmüller.
Anton Haas (M.).

9. Grünstadt (gegr. 1729).
Frequenz: 96.

R.: Franz Ebitsch.

G.L.: Gustav Bergmüller.
Ernst Pfreimter.
Paul Faulmüller.
Valentin Schneider.
Max Günther (M.).

G.A.: Johann Straufs.

10. Hersbruck
Frequenz: 97.

R.: Friedrich Wakenhut.

G.L.: Dr. Friedrich Stählin.
Dr. Ernst Nusselt.

Eduard Danner.
Ludwig Pongratz (M.).
Karl Weitnauer (N.). x

G.A.: Wilh. Gänfsler.
Robert Weinmann.

11. St. Ingbert (gegr. 1870).
Frequenz: 126.

R.: Frz. Jos. Wittig.

G.L.: Ludwig Butz.
Ludwig Schuler.
Karl Lehenbauer.
Joseph Röder.
Dr. Gotthold Seyler (M.).

G.A.: Karl Benecke.
Joseph Anwander. x

12. Kirchheimbolanden
(gegr. 1836).
Frequenz: 51.

R.: Leonhard Haibel.

G.L.: Hans Morsheuser.
Karl Arnold.
Johann Spörlein.
Philipp Mann (M.).

13. Kitzingen (gegr. 1872).
Frequenz: 77.

R.: Karl Kern.

G.Pr.: Max Zopf.

G.L.: Joseph Schlehuber.
Heinrich Geyer.
Joseph Haug (M.).

G.A.: Max Raab.

14. Kusel i. Pf. (gegr. 1836).
Frequenz: 84.

R.: Friedrich Hacker.

G.L.: Robert Eiselein.
Friedrich Mordstein.
Joh. Zinsmeister.
Karl Hetz (M.).

G.A.: Cyriakus Grünewald.

15. Memmingen (gegr. 14. Jahrh.).
Frequenz: 89.
- R.: Friedrich Döderlein.
- G.Pr.: Karl Seyfried.
- G.L.: Dr. Julius Miedel.
  Eduard Gölkel.
  Rudolf Meinel.
  Theodor Jung.

16. Miltenberg (gegr. 1902).
Frequenz: 88.
- R.: Rupert Poiger.
- G.L.: Georg Schwind.
  Albert Zehelein.
  Johann Hirmer.
  Vinzenz Schmitt (M.).
- G.A.: Fritz Lötz. x
  Karl Kreutzer.

17. Neustadt a. A. (gegr 1567).
Frequenz: 79.
- R.: Karl Hussel.
- G.L.: Richard Klaiber.
  Theobald Pöhlmann.
  Theodor Zellfelder.
  Wilhelm Meiser (M.).
  Peter Amann (N.). x
- G.A.: Innozenz Heberle.

18. Nördlingen (gegr. 1552).
Frequenz: 68.
- R.: Andreas Haufsner.
- G.L.: Ludwig Mufsgnug.
  Eduard Bachmann.
  Dr. Wilhelm Heydenreich.
  Hermann Bischoff (M.).
- G.A.: Theodor Herrmann.

19. Oettingen (gegr. 1563).
Frequenz: 107.
- R.: Dr. August Böhner.
- G.L.: Michael Bauereisen.
  Adolf Förtsch.
  Dr. Friedrich Drescher.
  Dr. Karl Hubel.
  Friedrich Fischer (M.).

20. Pirmasens (gegr. 1768).
Frequenz: 188.
- R.: Philipp Kraus.
- G.L.: Friedrich Unruh.
  Franz Kefsler.
  Johann Beck.
  Friedrich Herzinger.
  Dr. Theodor Weifs.
  Theodor Erb (M.). x
- G.A.: Ludwig Merz.

21. Rothenburg o. T.
(gegr. 1394).
Frequenz: 101.
- R.: Adolf Georgii.
- G.L.: Friedrich Schreiber.
  Heinrich Laible.
  Peter Reichert.
  August Schnizlein.
  Franz Frör (M.).
- G.A.: Wilhelm Schwarz. x

22. Schäftlarn (gegr. 1884).
Frequenz: 168.
- R.: P. Sigisbert Liebert.
- G.L.: P. Herm. Rechner (M.). x
  P. Heinrich Wernsdoerfer (M.). x
  P. Bruno Riedermair (N.).
- G.A.: Dr. Otto Abel. x
  Dr. Franz Höfler. x
  Joseph Vogeser. x
  Jakob Klein.
  Ludwig Grubmüller.

23. Schwabach (gegr. 1540).
Frequenz: 88.
- R.: Wilhelm Meyer.
- G.Pr.: Karl Raab. x
- G.L.: Wilhelm Hauser.
  Johann Haran.
  Wilhelm Eckert.
  Friedrich Bilz (M.).
  Jakob Haber (N.). x
- G.A.: Georg Weifs.
  Joh. Bapt. Trottler (M.). x

2*

24. Traunstein (gegr. 1901).
Frequenz 119.
R.: Joseph Bucher.
G.L.: Ernst Lang. x
Johann Rampf.
Dr. Friedr. Weifsenbach.
August Meier.
Andreas Kürschner (M.).
G.A.: Karl Heck. x

25. Uffenheim (gegr. 1898).
Frequenz: 77.
R.: Eugen Kraufs.
G.Pr.: Leonhard Baer.
G.L.: Magnus Pilz.
Dr. Ernst Appel.
Friedrich Keyser (M.).
G.A.: Jakob Berger.

26. Weissenburg i. B.
(gegr. 1536).
Frequenz: 97.
R.: Leonhard Götz.
G.Pr.: Max Zorn.
G.L.: Dr. Friedrich Beck.
Dr. Alfred Georg.

Dr. Karl Ritter v. Lama.
Karl Schorer (M.). x
G.A.: Joh. Ritter v. Schmädel.

27. Windsbach (gegr 1898).
Frequenz: 108.
R.: Christian Hornung. x
G.L.: Johann Steinbauer.
Fritz Thürauf.
Dr. Karl Bitterauf.
Kurt Schubert (M.). x

28. Windsheim (gegr. um 1500).
Frequenz: 56.
R.: Michael Meyer.
G.L.: Wilhelm Eifsner.
Christoph Friefs.
Dr. Hermann Bitterauf.
Joseph Christ.
G.A.: Hans Schuh.

29. Wunsiedel (gegr. 1830).
Frequenz: 109.
R.: Gustav Adolf Weger.
G.L.: Karl Schleisinger.
Dr. Erhard Jahn.
Otto Kissenberth.
Johannes Sander (M.).
G.A.: Sylvester Kreutmeier.

D. Lateinschulen.

1. Amorbach.
(Städtische Lateinschule.)
Frequenz: 29.
Vorstand: Fritz Böhner.

2. Annweiler (gegr. 1836).
Frequenz: 48.
S.R.: Karl Vonlohr.
St.L.: Friedrich Bamberger. x
Johann Dietl.
Joseph Blaser (N.). x

3. Blieskastel (gegr. 1836).
Frequenz: 53.
S.R.: Dr. Anton Rüger.
St.L.: Georg Faderl.
Ass.: Friedr. Schwenzer.
Karl Bablitschky (M.).

4. Feuchtwangen.
Frequenz: 13.
S.R.: Johannes Zinner.
St.L.: Georg Hofmann.

5. Hammelburg (gegr. 1845).
Frequenz: 69.
S.R.: Dr. Franz Ranninger. *x*
St.L.: J. Ant. Schultheis. *x*
Ass.: Heinrich Sattler.
Hans Neumaier.

6. Hassfurt.
Frequenz: 54.
S.R.: Andr. Schiffmann Pr. *x*
St.L.: Dr. Fridolin Sippel. *x*
Ass.: Anton Geggerle. *x*
Franz Bergmann. *x*

7. Homburg i. d. Pf.
Frequenz: 108.
S.R.: Heinrich Todt.
St.L.: Heinrich Kempf. *x*
Joseph Brandl. *x*
Joh. Kornbacher.
Joseph Steinmayer (N.). *x*
Ass.: Jakob Lauerer (M.). *x*

8. Landstuhl (gegr. 1873).
Frequenz: 68.
S.R.: August Marx.
St.L.: Joseph Barth.
Johann Dormann. *x*
Philipp Hartleib.
Ass.: Max Schuster. *x*

9. Lindau i. B. (gegr. 1528).
Frequenz: 39.
S.R.: Alois Branz.

St.L.: Friedrich Ernst.
Christian Adolf Ohly.
Ass.: Johann Meindlschmied.

10. Erzbischöfliches Knabenseminar Scheyern, O. S. B.
(gegr. 1840).
Frequenz: 180.
Dir.; *P.* Ans. Neubauer.
St.L.: *P.* Ulrich Ahr.
P. Raph. Barth. *x*
Dr. *P.* Laurentius Hanser. *x*
P. Rupert Datz. *x*
P. Michael Ehegartner. *x*
P. Otto Bilger. *x*
P. Salvat. Durner (R.). *x*
P. Jos. Peruschitz (M.). *x*

11. Thurnau (Privatlateinschule).
Frequenz: 8.
Vorst.: Albert Schmidt. *x*

12. Wallerstein
(Privatlateinschule).
Frequenz: 7.
Vorst.: Max Eckerlein, Priester. *x*

13. Winnweiler (gegr. 1873).
Frequenz 76.
S.R.: Jakob Hoffmann.
St.L.: Karl Depser. *x*
Gustav Lichti. *x*
Otto Müller. *x*
Phil. Schramm (N.). *x*

II.

Alphabetisches

Verzeichnis der Lehrer

für sprachliche Fächer, Religion und Mathematik und der pragmatischen Lehrer für Zeichnen.

Für Fehler, die auf ungenaue Angaben im Manuskript zurückgehen, lehnt die Redaktion die Verantwortung ab.

Erklärung angewandter Abkürzungen.

RL = Reallehrer.
* hinter dem Konkursjahr bedeutet Zurückdatierung in den angegebenen Konkurs wegen Ableistung der Militärpflicht.
RVOBKr. = Ritter d. Verdienstordens d. Bayer. Krone.
M 1 = Ritter des Verdienstordens vom hl. Michael 1. Kl. (ä. O.).
M 4 = „ „ „ „ „ „ 4. Kl. (n. O.).
LR = Leutnant der Reserve.
LL = „ „ Landwehr.
OR = Oberleutnant der Reserve.
OL = „ „ Landwehr.
HL = Hauptmann der Landwehr.
ML = Major „ „
LD = Landwehrdienstauszeichnung.
KWEM = Kaiser-Wilhelms-Erinnerungs-Medaille.
Vorst. = Vorstand im Bayer. Gymnasiallehrerverein.
StV = Stellvertreter des Vorstandes „ „ „
K = Kassier „
R = Redakteur „ „
AM = Ausschufsmitglied „ „ „

Die Abkürzungen hinter dem Geburtsort beziehen sich auf die Regierungsbezirke.

Namen der Lehrer a) Geschlechtsname, b) Vorname, c) Stellung, d) Bezeichnung des Faches für die Fachlehrer	Anstalt, an welcher gegenwärtig tätig	Geboren wann?	wo?	Konfession	Jahr des Hauptkonkurs. 2. Prüfungsabschn.
Dr. Abel Otto, G.A.	Schäftlarn	21.9.77	München	k	00
P. Abert Alfons, O.S.A., G.Pr.	Münnerstadt	15.8.40	Münnerstadt	k	63
Abert Franz, G.Pr.	Aschaffenbrg.	22.9.49	Münnerstadt	k	73
Abert Hans, G.A.	Würzburg A.	23.4.77	Münnerstadt	k	99*
Dr. Ackermann Richard, G.Pr., N.	Nürnberg A.	7.2.58	Lengfurt (U.Fr.)	pr	82
P. Adam Willibald, O.S.B., G.L.	Metten	24.9.73	Pertolzhofen (O.Pf.)	k	99
Adami Franz, G.Pr., M.	Hof	30.1.54	Lindau	k	76
P. Ahr Ulrich, O.S.B., St.L.	Scheyern	15.5.62	Kempten	k	88
Dr. Albert Karl, G.L.	Neuburg a.D.	24.11.75	Metz	k	99
Dr. Alzinger Ludwig, G.Pr.	Neuburg a.D.	25.8.61	Haarbach (N.B.)	k	86
Amann Max, G.L.	Bamberg N.	12.10.71	Bach	k	96
Amann Peter, G.L., N.	Neustadt a.A.	12.4.75	Straubing	k	99
Dr. Amend Andreas, G.Pr.	München Th.	19.8.60	Oberschleichach (U-Fr.)	k	83
Amend Michael, G.L.	München Ld.	10.12.64	Oberschleichnch (U.Fr.)	k	89
Dr. Ammer Engelbert, G.Pr.	München Th.	21.11.53	Roiching (N.B.)	k	77
Dr. Ammon Georg, G.Pr.	München M.	1.2.61	Klein-Ziegenfeld (O.F.)	k	84
Dr. Amsdorf Joseph, G.Pr.	Neuburg a.D.	29.8.67	Regensburg	k	89
Dr. Amson Ernst, G.A., M.	Augsburg R.	30.3.77	Maikammer (Pfalz)	pr	01
Anselm Philipp, G.A., N.	München Lp.	2.2.61	Schleißheim b. München	k	99
Anwander Joseph, G.A.	St. Ingbert	21.1.77	Mindelheim	k	01
Dr. Appel Ernst, G.L.	Uffenheim	12.6.75	München	pr	99
Dr. Arnold Bernhard, Ritter von, O.St.R., G.R.	München W.	31.7.38	Würzburg	k	59
Arnold Karl, G.L.	Kirchheimbol.	16.12.70	Katzenbach (Pf.)	pr	94
Auer Franz Xaver, G.L.	Straubing	2.4.60	Straubing	k	84
Dr. Aumüller Johann, G.L.	München Th.	14.11.69	Reichenbach (O.Pf.)	k	93
Dr. Babl Johann, G.Pr.	Lohr	21.2.58	Kritzenast (O.Pf.)	k	83
Bablitschky Karl, G.A., M.	Blieskastel	21.3.77	Obermässing (M.Fr.)	k	02
Bachhuber Karl, G.L., M.	Kaiserslautern	17.10.70	Denkendorf (M.Fr.)	k	96
Bachmann Eduard, G.L.	Nördlingen	3.11.67	Bayreuth	pr	90
Dr. Bachmann Wilhelm, G.A.	Nürnberg A.	21.3.78	Nürnberg	pr	00
Dr. Baer Julius, G.A.	Nürnberg R.	23.2.78	Windsheim	pr	00
Baer Leonhard, G.Pr.	Uffenheim	24.5.45	Uffenheim	pr	73
Baer Siegmund, G.L.	Forchheim	26.12.76	Uffenheim	pr	98
Dr. Bärthlein Johann, G.Pr., M.	Regensbg. A.	11.12.58	Uhlfeld (M.Fr.)	pr	81
Bäumler Georg, G.Pr., M.	Dillingen	16.10.52	Kohlberg (O.Pf.)	k	76
Dr. Baier Bartholomäus, G.Pr.	Würzburg N.	6.12.53	Tiefenthal (U.Fr.)	k	77
Ballmann Gustav, G.A., M.	Donauwörth	18.3.79	Würzburg	k	03
Bamberger Friedrich, St.L.	Annweiler	14.1.62	München	k	86
Banzer August, G.Pr., R.	Bamberg A.	12.3.68	Bergrothenfels (U.Fr.)	k	—
Barth Joseph, St.L.	Landstuhl	24.7.54	München	k	82

Erste Anstellung als				Besondere
Gymnasiallehrer (Studienlehrer) (Reallehrer) wann? wo?	Gymnasialprofessor oder Rektor e. Progymn. wann? wo?	Konrektor (Studienrat) wann? wo?	Gymnasialrektor wann? wo?	Bemerkungen
—	—	—	—	
11.12.63 Kitzingen	31.3.85 Münnerstadt	—	—	
1.4.77 Pirmasens	1.4.93 Burghausen	—	—	
	—	—	—	
1.11.89 Bamberg R.	1.1.99 Bamberg N.	—	—	
18.9.00 Metten	—	—	—	
16.1.79 Ansbach R.	16.9.96 Hof	—	—	
1.9.91 Scheyern		—	—	
9.7.03 Neuburg a. D.	—	—	—	
1.7.92 München Lp.	1.10.01 Neuburg a. D.	—	—	
1.9.00 Bamberg N.	—	—	—	LL I.
1.1.05 Neustadt a. A.	—	—	—	
16.10.91 Dillingen	1.7.00 Burghausen	—	—	
16.2.95 Landshut	—	—	—	
1.12.80 Homburg	1.7.94 Straubing	—	—	
1.7.90 Speyer	1.4.99 Regensburg A.	—	—	
1.7.94 Landshut	1.4.04 Neuburg a. D.	—	—	
—	—	—	—	
		—	—	
1.9.04 Uffenheim	—	—	—	
16.10.62 Würzburg	1.1.72 Würzburg	—	16.11.76 Kempten	Mitglied des O.Sch.R. VOBKr. M 1. Komtur d. k.k. ö. FJO. u. K. ö. O. d. EK. III., o.M.d.Kais.Deutsch. Arch. Inst.
1.12.99 Hersbruck	—	—	—	
1.11.93 Edenkoben	—	—	—	
1.7.98 Landshut	—	—	—	
1.1.90 Bamberg A.	1.9.99 Ludwigshafen	—	—	
1.1.99 Hof	—	—	—	
16.2.96 Kirchheimboland.	—	—	—	
—	—	—	—	
—	—	—	—	
1.4.74 Uffenheim	1.1.01 Uffenheim	—	—	Zugl. Religionsl.
1.9.02 Forchheim	—	—	—	
16.3.91 Regensbg. A.	1.1.99 Regensbg. A.	—	—	Zugleich Lehrer für Stenographie.
16.10.79 Zweibrücken R.	1.4.96 Dillingen	—	—	Lehrer für Rhetorik, ital. Sprache, Literatur- u. Kunstgesch. a. d. K. Musikschule.
10.10.82 Würzburg	1.7.94 Würzburg N.	—	—	
				Hauptmann a. D.
1.9.99 Annweiler	—	—	—	Zugl. Lehrer für Hebr.
—	16.9.02 Bamberg A.	—	—	
1.8.92 Landstuhl	—	—	—	Zugl. Lehrer f. Naturk.

Namen der Lehrer a) Geschlechtsname, b) Vorname, c) Stellung, d) Bezeichnung des Faches für die Fachlehrer	Anstalt, an welcher gegenwärtig tätig	Geboren wann? wo?	Konfession	Jahr des Hauptkonkurs. 2.Prüfungsabschn.
Barthel Jakob, G.Pr.	Regensbg. N.	9.2.51 Marktbreit	k	74
Baſsler Karl, G.Pr., M.	Eichstätt	27.1.56 Tirschenreuth	k	84
Dr. Bauer Andreas, G.A., N.	Freising	12.4.77 Schönbrunn	k	02
Bauer Karl, G.Pr.	Speyer	1.8.53 Bodenwöhr (O.Pf.)	k	80
Dr. Bauer Ludwig, G.Pr.	Augsburg A.	22.12.55 Weidenberg (O.Fr.)	pr	76
Bauereisen Michael, G.L.	Oettingen	20.2.71 Heilsbronn	pr	96
Bauernfeind Joseph, G.A.	Augsburg St.	8.11.78 Parkstein	k	02
Dr. Bauerschmidt Hans, G.L.	Dillingen	29.6.76 Stadtsteinach	k	99
Baur Karl, G.Pr.	Freising	21.10.52 Augsburg	k	76
Beck Friedrich, G.Pr., N.	Bamberg N.	4.4.60 Regensburg	k	81
Dr. Beck Friedrich, G.L.	Weiſsenburg	17.9.73 Schweinfurt	pr	98
Beck Johann, G.L.	Pirmasens	31.3.68 Mühlbach (Pf.)	k	94
Dr. Becker Albert, G.A.	Ludwigshafen	16.9.79 Speyer	pr	02
Dr. Beckh Heinrich, G.Pr.	Erlangen	3.10.58 Nürnberg	pr	80
Dr. Bencker Max, G.Pr.	Günzburg	31.10.65 Hersbruck	pr	87
Benecke Karl, G.A.	St. Ingbert	3.8.77 Pirmasens	k	99
Berger Eugen, G.L.	Passau	3.12.57 München	k	82
Berger Jakob, G.A.	Uffenheim	13.2.77 Hötzing	men.	00
Dr. Berger Max, G.L.	Traunstein	2.2.68 München	k	—
Bergmann Adam, G.R., O.St.R.	Würzburg N.	8.12.34 Aschaffenburg	k	57
Bergmüller Gustav, G.L.	Grünstadt	28.5.69 Dürrenzimmern (Schw.)	pr	91
Dr. Bergmüller Ludwig, G.Pr.	Augsburg A.	22.8.60 Oberallershausen (O.B.)	pr	81
Bertholdt Richard, G.L.	Fürth	8.12.61 Dachsbach (M.F.)	pr	83
Betz Karl, G.Pr., M.	Eichstätt	20.3.50 Pulvermühle (N.B.)	k	74
Beyschlag Friedrich, G.L.	Augsburg A.	24.6.72 Schweinfurt	pr	97
Bezzel Richard, G.L.	Nürnberg N.	15.8.68 Wald (M.F.)	pr	90
Bicherl Rudolf, G.A., M.	Dinkelsbühl	24.12.79 Hemau	k	02
Biedermann Alfons, G.A., N.	Nürnberg R.	7.8.77 Hausen	k	02
Bilz Friedrich, G.L., M.	Schwabach	1.8.64 Nördlingen	pr	87
Bimann Dominikus, G.L.	Ludwigshafen	19.10.69 Altötting	k	93
Dr. Bindel Karl, G.Pr., M.	Bamberg N.	9.2.57 Speyer	k	80
Binhack Franz Xaver, G.Pr.	Passau	11.4.36 Waldsaſsen	k	59
Dr. Birklein Franz, K.R.	Bamberg N.	19.1.53 Bamberg	k	74
Bischoff Hermann, G.L., M.	Nördlingen	5.10.71 Eggelkofen (O.B.)	k	96
Dr. Bisle Max, G.Pr., R.	Augsburg R.	11.1.58 Ritzisried	k	—
Dr. Bitterauf Hermann, G.L.	Windsheim	3.4.74 Nürnberg	pr	97
Dr. Bitterauf Karl, G.L.	Windsbach	2.1.74 Windsheim	pr	98
Blank Johann, G.L.	Landshut	26.2.59 Kemnath	k	84
Blaser Joseph, St.L., N.	Annweiler	24.3.74 Echsheim B.A. Aichach	k	98
Dr. Blaufuſs Hans, G.Pr., R.	Nürnberg N.	8.9.63 Trautberg b. Castell	pr	—

Erste Anstellung als				Besondere Bemerkungen
Gymnasiallehrer (Studienlehrer) (Reallehrer) wann? wo?	Gymnasialprofessor oder Rektor e. Progymn. wann? wo?	Konrektor (Studienrat) wann? wo?	Gymnasialrektor wann? wo?	
1.10.77 Landstuhl 16.12.94 Rothenbg. o. T. —	1.9.01 Regensbrg. N. 1.9.04 Eichstätt —	— — —	— — —	
1.1.87 Neuburg a. D. 1.12.78 Memmingen 1.9.99 Oettingen —	1.10.97 Speyer 1.3.93 Augsburg A. — —	— — — —	— — — —	Zugl. Direktor des Kollegiums b. St. Anna in Augsburg.
1.5.04 Dillingen 16.4.81 Freising 16.4.87 Neuburg a. D. 1.9.02 Weißenburg	— 1.7.94 Freising 1.1.99 Neuburg a. D. —	— — — —	— — — —	LR.
16.10.00 Pirmasens — 1.10.87 Ansbach 1.7.94 Kaiserslautern	— — 1.10.97 Erlangen 15.8.02 Günzburg	— — — —	— — — —	
1.7.92 Landshut — 1.9.01 Traunstein	— — —	— — —	— — —	Zugl. Lehrer f. Naturkunde.
16.4.60 Aschaffenbg. 1.9.96 Grünstadt 1.8.86 Nördlingen 1.1.89 Fürth	16.11.71 Würzburg — 1.7.98 Regensbg. A. —	— — — —	1.10.77 Amberg — — —	M. I.
16.8.77 Schweinfurt 1.9.01 Pirmasens 28.12.95 Feuchtwangen —	1.7.98 Eichstätt — — —	— — — —	— — — —	Zugl. Lehrer f. Kalligraphie.
1.9.94 Schwabach 1.7.98 Dillingen a. D.	— —	— —	— —	
1.1.89 Kronach R. 1.10.63 Neuburg 1.10.77 Landau 1.1.99 Nördlingen	1.7.98 Bamberg 1.10.73 Burghausen 1.5.91 Amberg —	— — 1.9.04 Bamberg N. —	— — — —	HR.
—	1.1.96 Augsburg R.	—	—	Zugl. Religionslehrer an der Kreisrealschule u. Industrieschule Augsburg.
15.8.02 Windsheim 1.4.02 Windsbach 1.10.89 Windsheim 1.10.04 Annweiler	— — — —	— — — —	— — — —	Zugl. Lehrer f. Naturk.
—	1.11.02 Nürnberg N.	—	—	Zugl. Lehrer f. Hebr.

Namen der Lehrer a) Geschlechtsname, b) Vorname, c) Stellung, d) Bezeichnung des Faches für die Fachlehrer	Anstalt, an welcher gegenwärtig tätig	Geboren wann?	wo?	Konfession	Jahr des Hauptkonkurs. / 2. Prüfungsabschn.
Bleicher Joseph, G.Pr.	Ingolstadt	1.3.51	Epfenhausen (O.B.)	k	76
Dr. Blümcke Adolf, G.Pr., M.	Nürnberg R.	7.2.57	M.-Gladbach	pr	81
Blümel Rudolf, G.L.	Münnerstadt	6.11.76	Kempten	k	99*
Dr. Bock Franz, G.L. N.	Nürnberg R.	31.1.68	Rothenfels a. M.	k	90
Dr. Bodensteiner Ernst, G.L.	München W.	29.5.69	Freising	k	91
Boedl Wilhelm, G.Pr., M.	Ingolstadt	9.10.62	Worms	k	87
Böhm Ludwig. G.Pr.	Bamberg N.	24.8.44	Schrobenhausen	k	67
Böhmländer Abraham, G.Pr., R.	München Lp.	19.4.51	Nürnberg	pr	74
Dr. Böhner August, Rektor	Oettingen	13.9.52	Erlangen	pr	75
Böhner Fritz, S.R.	Amorbach	2.4.80	Neustadt a. A.	pr	02
Böhnke Friedrich, G.Pr.	Bayreuth	14.2.55	Erlangen	pr	78
Dr. Börtzler Friedrich, G.A.	Nürnberg R.	16.10.78	Kaiserslautern	pr	01
Bogner Friedrich, G.Pr., M.	Straubing	7.8.60	Hemmersheim (M.Fr.)	pr	82
Bohne Johannes, G.L.	Nürnberg N.	28.4.62	Magdeburg	pr	94
Dr. Bokorny Thomas, G.Pr., N.W.	München K.K.	19.1.56	Neukirchen (O.B)	k	77
Borngesser Friedr., G.Pr., St.R., N.	München Th.	31.5.39	Büdingen (Hessen)	pr	75
P. Dr. Bourier Herm., O.S.B., G.L.	Augsburg St.	7.6.71	Augsburg	k	97
Dr. Brambs Johann Georg, G.Pr.	Eichstätt	15.4.54	Ay (N.B.)	k	78
Brand Eugen, G.Pr.	München Ld.	9.6.57	Frankenbrunn (U.Fr.)	k	80
Brandl Joseph, G.Pr.	München Lp.	2.1.58	Tretting (N.B.)	k	82
Brandl Joseph, St.L.	Homburg	24.10.68	Mörbach (M.Fr.)	k	96
Branz Alois, S.R.	Lindau	7.7.56	Straußdorf (O.B.)	k	83
Brater Karl, G.L., M.	Neustadt a. H.	11.5.67	Aschaffenburg	pr	90
Brather Karl, G.L.	Bergzabern	30.6.73	Unternbibart (M.Fr)	pr	98
Dr. Braun Hermann, G.Pr.	Nürnberg A.	30.12.58	Eyrichshof (U.Fr.)	pr	79
Braun Johannes, G.Pr.	Bamberg A.	6.6.56	Erlangen	pr	78
Dr. Braun Wilhelm, G.Pr., M.	München R.	3.9.52	Erlangen	pr	73
Dr. Bruckmooser Ernst, G.A.	München Ld.	29.6.77	Straubing	k	01
Brückner Max, G.Pr.	München W.	23.12.51	Windsheim	pr	74
Dr. Brunco Wilhelm, G.Pr.	Bayreuth	10.1.55	Dinkelsbühl	pr	77
P. Brune Godehard, O.S.A., G.A.	Münnerstadt	9.4.76	Bilshausen (Hannover)	k	03
Bruner Ludwig, G.L.	Bamberg A.	16.1.73	Vohenstrauß (O.Pf.)	k	95
Brunner August, K.R.	München Lp.	27.4.45	München	k	68
Dr. Brunner Georg, G.Pr., R.	Fürth	18.12.69	Bernstein (O.Fr.)	pr	—
Brunner Gotthard, G.L.	München Th.	28.3.72	Straubing	k	96
Brunner Johann, G.L.	Neuburg a. D.	2.3.72	Tirschenreuth	k	99
Bucher Joseph, Rektor	Traunstein	29.1.54	Eurishofen (Schw.)	k	77
Buchholz Heinrich, G.L.	Hof	27.10.55	Hof	pr	76
Dr. Buchner Georg, G.Pr., N.	Hof	19.2.64	München	k	86
Dr. Bürchner Ludwig, G.L.	München Lp.	29.11.58	Landshut	k	81
Bürkmayr Friedrich, G.Pr.	Rosenheim	28.9.58	Eichelsdorf (U.Fr.)	k	82
Dr. Bürner Georg, G.A.	Speyer	28.1.77	Nürnberg	pr	01
Büttner Georg, G.Pr., M.	Augsburg R.	29.10.50	Püchitz (O.Fr.)	k	76

— 29 —

Erste Anstellung als				Besondere Bemerkungen
Gymnasiallehrer (Studienlehrer) (Reallehrer) wann? wo?	Gymnasialprofessor oder Rektor e. Progymn. wann? wo?	Konrektor (Studienrat) wann? wo?	Gymnasialrektor wann? wo?	
16.9.80 Germersheim	1.1.01 Ingolstadt	—	—	Zugl. Lehrer f. Naturk.
1.11.90 Nürnberg R.	1.1.99 Nürnberg R.	—	—	
1.4.04 Münnerstadt	—	—	—	
1.9.96 Weilheim R.	—	—	—	
1.4.96 Amberg	—	—	—	Korresp. Mitglied d. Kais. Deutsch. Archäol. Instituts.
1.12.93 Neumarkt i. O. R.	1.10.03 Ingolstadt	—	—	
4.1.72 Kitzingen	1,7.00 Bamberg N.	—	—	Geprüfter Lehrer für Stenographie.
—	1.9.96 München Lp.	—	—	
1.1.77 Oettingen	16.9.92 Oettingen	—	—	
10.10.85 Ludwigshafen	1.7.00 Bayreuth	—	—	
16.10.91 Weißenburg i. B.	1.9.99 Aschaffenburg R.	—	—	
1.7.00 Kusel	—	—	—	
1.8.92 München K.K.	1.10.94 München K.K.	—	—	
1.9.77 Bayreuth	1.6.90 Bayreuth	1.1.05 München Th.	—	
16.9.98 Augsburg St.	—		—	Lehrer des Italien.
1.1.83 Eichstätt	1.1.95 Eichstätt	—	—	St.V. 99–03, Vorst. seit Ostern 03.
16.9.86 Neustadt a.H.	1.10.96 München Ld.	—	—	
16.8.88 Speyer	1.7.98 Aschaffenburg	—	—	OL a. D.
15.10.02 Homburg	—	—	—	
16.9.90 Lindau	1.1.02 Lindau	—	—	OL a. D.
1.9.94 Wunsiedel	—	—	—	
1.9.02 Bergzabern	—	—	—	
1.6.85 Kirchheimboland.	1.7.96 Nürnberg A.	—	—	
1.4.85 St. Ingbert	1.7.00 Bamberg A.	—	—	
1.4.76 Passau R.	16.10.90 Bamberg N.	—	—	
—	—	—	—	
6.10.76 Rothenbg. o. T.	16.4.98 Ansbach	—	—	
16.10.81 Pirmasens	1.7.94 Bayreuth	—	—	
—	—	—	—	
1.7.00 Frankenthal	—	—	—	
1.10.72 Eichstätt	15.9.84 Speyer	1.9.04 München Lp.	—	Zugl. Lehrer f. Hebr. LR.
—	15.9.02 Fürth	—	—	
1.4.01 Lohr	—	—	—	
1.10.04 Neuburg a. D.	—	—	—	
1.9.84 Annweiler	15.11.90 Winnweiler	—	—	
10.4.80 Landau (Pf.)	—	—	—	
1.5.92 Passau	1.9.02 Hof	—	—	
16.4.88 Amberg	—	—	—	
1.5.88 Amberg	1.9.98 Rosenheim	—	—	
—	—	—	—	
15.1.79 Erlangen R.	1.10.96 Augsbg. R.	—	—	

Namen der Lehrer a) Geschlechtsname, b) Vorname. c) Stellung, d) Bezeichnung des Faches für die Fachlehrer	Anstalt, an welcher gegenwärtig tätig	Geboren wann? wo?	Konfession	Jahr des Hauptkonkurs. 2. Prüfungsabschn.
Büttner Heinrich, G.L.	Ludwigshafen	9.5.64 Pegnitz (O.Fr.)	pr	86
Büttner Karl, G.L.	Germersheim	1.2.74 Flofs (O.Pf.)	pr	98
Büttner Ludwig, G.A.	Aschaffenbg.	23.8.76 Hassenbach	k	00
Dr. Büttner Otto, G.A.	München Lp.	1.2.79 Oberwestern (U.Fr.)	k	01
Dr. Bullemer Karl, G.L.	Würzburg A.	18.9.73 Feucht (M.F.)	pr	95
Bullemer Wilhelm, G.Pr.	Zweibrücken	2.5.67 Feucht (M.Fr.)	pr	89
Dr. Burger Friedrich, G.Pr.	München W.	22.10.59 Speyer	pr	82
Burghofer Karl, G.A.	Kempten	11.3.78 Klingsmoos (Schw.)	k	01
Busch Georg, G.Pr., M.	Nürnberg N.	1.6.57 Offenbach (Pf.)	k	81
Buttmann Rudolf, G.Pr.	Zweibrücken	20.7.55 Ziegelsdorf (Kobg.)	pr	85
Butz Ludwig, G.L.	St. Ingbert	18.8.56 Bischheim (Pf.)	pr	82
Cammerer Klemens, G.Pr.	Burghausen	9.11.53 Dillingen	k	77
Dr. Caselmann August, G.L., Real.	Nürnberg R.	8.9.67 Ansbach	pr	95
Christ Joseph, G.L.	Windsheim	4.4.71 Stammheim (U.Fr.)	k	96
Dr. Christoph Friedrich, G.Pr., N.	München M.	8.5.61 Regensburg	pr	83
Dr. **D**ahl Karl, G.Pr.	Zweibrücken	29.12.64 Landau (Pf.)	pr	87
Danner Eduard, G.L.	Hersbruck	24.8.75 Erlangen	pr	98
Daschner Franz, G.A., M.	Regensbg. A.	7.12.77 Regensburg	k	02
Degel Ferdinand, G.A.	Nürnberg A.	9.6.78 Bamberg	pr	01
Degenhart Friedrich, Pr., G.L.	Eichstätt	17.11.62 München	k	94
Dr. Degenhart Joseph, G.R.	Speyer	9.3.51 Prombach (N.B.)	k	74
Demling Johann, G.Pr.	Aschaffenbrg.	27.7.57 Volkach (U.Fr.)	k	81
Demm Gregor, G.L.	Straubing	5.5.73 Walkertshofen (N.B.)	k	97
Demmel Peter, G.L.	Ludwigshafen	20.10.47 Bayerbach	k	75
Dr. Demmler Adalbert, G.L.	Kempten	19.1.70 Gempfing (Schw.)	k	94
Dr. Denk Julius, G.L.	Amberg	27.7.60 Zwiesel	k	86
Depser Karl, G.L.	Winnweiler	5.2.73 Bayreuth	pr	97
Derleth Ludwig, G.L.	Dillingen	3.11.70 Gerolzhofen (U.F.)	k	92
Derrer Friedrich, G.Pr., N.	Fürth	28.12.56 Hombeer (M.F.)	pr	81
Dersch Alois, G.A.	Augsburg St.	4.2.74 Hirschhausen	k	99
Deschauer Kornelius, Rektor	Donauwörth	16.9.50 Straubing	k	74
Dr. Deuerling Andreas, G.R.	Burghausen	2.11.38 Altenkunstadt (O.Fr.)	k	60
Dexel Albert, G.A.	Fürth	23.11.76 Memmingen	k	00
Dexel Franz, G.A.	Metten	7.3.78 Attenfeld (Schw.)		02
Dr. Dhom Heinrich, G.Pr., N.	Eichstätt	7.8.59 Marienthal (Pf.)		84
Dicknether Franz, G.Pr., M.	München W.	10.9.53 Höchstädt a. D.		76
Dr. Didion Jakob, Pr., G.Pr., R.	Landau	20.5.62 Contwig (Pf.)	k	—
Dr. Diel Heinrich, G.Pr.	München M.	28.5.58 Monzingen (Rhpr.)		81
Dr. Diem Georg, G.Pr., M.	Weiden	17.10.65 Regensburg		89

Gymnasiallehrer (Studienlehrer) (Reallehrer) wann? wo?	Gymnasialprofessor oder Rektor e. Progymn. wann? wo?	Konrektor (Studienrat) wann? wo?	Gymnasialrektor wann? wo?	Besondere Bemerkungen
1.9.94 Ludwigshafen 1.9.02 Germersheim —	— 	— 	— 	
16.4.00 Würzburg A. 16.12.92 Weifsenbrg. i. B. 1.5.88 Speyer .	— 1.9.04 Zweibrücken 1.9.98 Hof 	— — — 	— — — 	K. seit 1903.
1.6.90 Münnerstadt 1.7.92 Zweibrücken 1.2.90 St. Ingbert	1.1.99 Würzburg A. 1.9.01 Zweibrücken —	— — —	— — —	
1.1.82 Burghausen 1.7.98 Kulmbach R. 1.1.04 Windsheim 1.5.86 Kaufbeuren R.	1.7.94 Burghausen — 1.1.99 Hof	— — —	— — —	HL a. D., LD I. Kl.
1.4.93 Zweibrücken 1.10.02 Hersbruck	1.9.02 Zweibrücken —	— —	— —	OR, LD II. Kl.
— 1.4.01 Eichstätt 1.10.77 Aschaffenbrg. 1.5.88 Würzburg N.	— — 1.9.90 Straubing 1.8.98 Aschaffenburg	— — — —	— — 1.12.99 Speyer —	
1.9.01 Straubing 15.12.78 Kusel 1.9.00 Kempten 1.9.94 Ingolstadt 1.9.01 Winnweiler	- — — — —	— — — — —	— — — — —	Gepr. Stenogr.Lehrer, Lehrer der Stenogr.
16.4.00 Germersheim 1.6.88 Rothenbrg.o.T. — 10.11.78 Schwabach	— 1.1.99 Fürth — 1.9.95 Donauwörth	— — — —	— — — —	Feldzugsdenkzeichen 1870/71.
1.10.64 Dillingen —	1.10.75 München Ld. —	— —	25.9.85 Burghaus. —	M. 4.
15.7.89 Schweinfurt R. 16.11.78 Neustadt a. H 25.10.87 Münnerstadt 1.9.94 Lohr	1.8.00 Eichstätt 1.1.96 Ansbach 1.5.97 Landau 16.4.97 Aschaffenbg. 1.9.04 Weiden	— — — — —	— — — — —	OR, LD I. Kl.

Namen der Lehrer a) Geschlechtsname, b) Vorname, c) Stellung, d) Bezeichnung des Faches für die Fachlehrer	Anstalt, an welcher gegenwärtig tätig	Geboren wann?	wo?	Konfession	Jahr des Hauptkonkurs. 2. Prüfungsabschn.
Diesbach Heinrich, G.L., M.	Günzburg	14.8.63	Genf	pr	89
Dietl Johann, St.L.	Annweiler	25.5.70	Kollnburg (N.B.)	k	94
Dietsch Christoph, O.St.R., G.R., M.	München R.	1.10.49	Bayreuth	pr	73
Dietsch Karl, G.R.	Erlangen	19.4.48	Bayreuth	pr	71
Diller Johann Baptist, G.L., M.	Würzburg N.	30.1.74	Waischenfeld (O.Fr.)	k	98
Dimpfl Christoph, G.A.	Metten	17.3.78	Spielberg	k	01
Diptmar Hans, G.Pr.	Zweibrücken	1.3.64	Nürnberg	pr	88
Dittelberger August, G.L.	München Ld.	17.3.64	Hohn (U.Fr.)	k	87
Dr. Dittmeyer Leonhard, G.Pr.	Würzburg N.	6.11.55	Gemünden	k	79
Dr. Doeberl Michael, G.Pr.	München K.K.	15.1.61	Waldsassen	k	84
Doederlein Friedrich, Rektor	Memmingen	24.1.48	Dinkelsbühl	pr	71
Dr. Doell Matthaeus, G.Pr.	Eichstätt	7.1.62	Forst (U.F.)	k	86
Donauer Nikolaus, G.Pr., R.	Neustadt a. H.	24.12.67	Nanzweiler (Pf.)	k	—
Dr. Donle Wilhelm, G.Pr., M.	München K.K.	16.7.62	Ansbach	pr	84
Dormann Hans, St.L.	Landstuhl	17.11.67	Wiesbaden	pr	95
Dr. Dostler Gottfried, G.A.	Kempten	8.11.76	Bergkirchen (O.B.)	k	01
Drechsler Michael, K.R.	Würzburg N.	12.5.48	Würzburg	k	72
Dr. Drescher Friedrich, G.L.	Oettingen	26.2.77	Schweinfurt	pr	99
Drescher Johann, G.Pr.	Amberg	19.5.48	Kleinochsenfurt	k	72
Drexel Karl, G.A., Real.	München R.	21.11.72	Amberg	k	99
Ducrue Joseph, K.R., M.	München Th.	12.3.51	Amberg	k	73
Dr. Düll Ernst, G.Pr., N.W.	München R.	13.1.62	Wengen (M.Fr.)	pr	82
Düll Eugen, G.Pr.	München R.	6.3.49	Eichstätt	pr	71
Dürnhofer Georg Joseph, G.Pr.	Passau	19.3.50	Siegenhofen (O.Pf.)	k	75
Dusch Friedrich, G.Pr.	Würzburg N.	4.9.50	Bamberg	k	73
Dr. Dutoit Julius, G.L.	München Lp.	13.3.72	Darmstadt	k	93
P. Eberhard Anselm, O.S.B., G.L.	Augsburg St.	17.4.66	Dinkelsbühl	k	91
Eberl Georg, G.Pr.	Regensbg. A.	12.3.51	München	k	76
Dr. Eberle Friedrich, G.Pr., M.	Nürnberg A.	31.10.59	Laumersheim (Pf.)	pr	84
Dr. Ebert Adolf, G.Pr.	Ansbach	17.5.55	Battenberg (Pf.)	pr	77
Ebitsch Franz, Rektor.	Grünstadt	25.11.50	Kersbach (O.Fr.)	k	75
Dr. Ebrard Wilhelm, G.Pr., St.R.	Nürnberg A.	21.1.46	Zürich	pr	67
P.Dr. Eckerlein Ad., O.S.B.,G.Pr.,M.	Augsburg St.	23.8.70	Kellmünz (Schw.)	k	00
Eckerlein Friedrich, G.Pr., R.	Nürnberg A.	21.6.58	Mönchsondheim (M.Fr.)	pr	—
Eckert Wilhelm, G.L.	Schwabach	5.1.74	Castell (U.Fr.)	pr	97*
Edenhofer Joseph, G.A.	Rosenheim	10.1.78	Straubing	k	00
Eder Johann, G.Pr.	München Lp.	6.1.52	Erasbach (O.Pf.)	k	75
Eder Max, G.Pr.	Münnerstadt	17.11.53	Wartberg (N.B.)	k	77
Effert Gottlieb, G.Pr., St.R., M.	München Lp.	12.2.49	Altdorf (M.Fr.)	pr	72

Erste Anstellung als				Besondere Bemerkungen
Gymnasiallehrer (Studienlehrer) (Reallehrer) wann? wo?	Gymnasialprofessor oder Rektor e. Progymn. wann? wo?	Konrektor (Studienrat) wann? wo?	Gymnasial- rektor wann? wo?	
1.9.94 Günzburg	—	—	—	OL LD I.
1.9.01 Annweiler	—	—	—	
1.8.75 Gew Sch. Eichstätt	1.9.89 Nürnberg N.	—	1.9.00 Münch. R.	Mitgl. d O.Sch.R. M 4.
16.3.72 Nördlingen	1.8.86 Hof	—	1.9.94 Hof	M 4.
1.7.00 Neustadt a. H., R.	—	—	—	
—	—	—	—	
1.9.94 Edenkoben	1.9.03 Zweibrücken	—	—	OL a. D. gepr. Turn-
16.10.92 München Ld.	—	—	—	lehrer.
16.9.84 Landshut	1.7.96 Würzburg N.	—	—	Zugl. Lehrer f. Italien.
1.7.90 München Ld.	1.4.99 München K.K.	—	—	A. o. Mitgl. d. K. Akad. der Wissen., Prof. hon. c. an d. Univ. München.
16.11.72 Memmingen	1.1.95 Memmingen	—	—	
1.7.92 Regensbg. A.	16.8.02 Eichstätt	—	—	
—	16.9.02 Neustadt a.H.	—	—	
1.10.90 München K.K.	18.10.94 Münch. K.K.	—	—	OL, LD II, Lehrer an d. übrigen Militär- bildungsanstalten.
1.9.02 Landstuhl	—	—	—	
15.4.76 Würzburg	1.5.88 Speyer	1.9.04 Würz- burg	—	Lt. a. D. Inhaber der Kriegs-Denkmünze 1870/71. KWEM.
1.1.04 Oettingen	—	—	—	
1.10.73 Winnweiler	1.1.98 Amberg	—	—	
1.11.74 Bayreuth R.	16.8.89 Münnerstadt	1.9.04 Münch.	—	
1.9.91 Wunsiedel	1.1.03 München R.	—	—	
1.3.75 Nördlingen	1.1.98 München R.	—	—	
10.10.78 Grünstadt	1.1.00 Passau	—	—	
16.11.75 Lohr	1.7.00 Würzburg N.	—	—	
1.4.99 Speyer	—	—	—	
1.12.91 Augsburg St.	—	—	—	
15.9.82 Edenkoben	1.7.94 Regensburg A.	—	—	Lehrer für Stenogr.
1.7.92 Nürnberg A.	1.9.00 Nürnberg A.	—	—	Lehrer für Stenogr.
1.2.80 Memmingen	1.7.94 Ansbach	—	—	
20.1.80 Blieskastel	1.9.97 Grünstadt	—	—	
15.4.73 Hof	1.9.85 Speyer	1.1.05 Nürn- berg A.	—	
1.4.01 Augsburg St.	—		—	Lyzealprofessor.
—	1.1.92 Nürnberg A.	—	—	
1.1.02 Schwabach	—	—	—	
16.4.78 Bamberg	1.7.92 Freising	—	—	
1.10.83 Dinkelsbühl	1.7.00 Münnerstadt	1.1.05 Mün- chen Lp.	—	Lt. a. D. Kriegsdenk- münze, LD, KWEM.
15.4.74 Würzburg R.	15.12.87 Kaiserslautern		—	

3

Namen der Lehrer a) Geschlechtsname, b) Vorname, c) Stellung, d) Bezeichnung des Faches für die Fachlehrer	Anstalt, an welcher gegenwärtig tätig	Geboren wann?	wo?	Konfession	Jahr des Hauptkonkurs. 2. Prüfungsabschn.
Egenolf Joseph, G.Pr.	München Lp.	19.3.55	Frankenthal (Pf.)	k	80
Egg Wilhelm, G.L.	Zweibrücken	10.10.70	Lindau	pr	92
Ehrlich Franz, G.R.	Weiden	20.12.54	Bogen (N.B.)	k	76
Eibel Jakob, G.Pr.	Würzburg A.	21.10.52	Würzburg	k	76
Eichhorn Gottfried, G.L.	München Th.	16.3.68	Aschaffenburg-Damm	k	92
P. Eichinger Ferd., O.S.B., G.Pr., M.	Augsburg St.	20.4.61	Oberhausen (Schw.)	k	83
Eidam Christian, G.Pr., N.	Nürnberg N.	20.12.51	Nürnberg.	pr	75
P. Einsiedler Jos. Mar., O.S.B., G.L.	Augsburg St.	24.11.70	Altusried (Schw.)	k	95
Eiselein Robert, G.L.	Kusel	2.11.69	Miltenberg	k	94
Eifsner Wilhelm, G.L.	Windsheim	8.4.66	Uffenheim	pr	91
Emminger Adam, G.Pr.	Eichstätt	7.11.50	Behlingen (Schw.)	k	73
Emminger Kurt, G.A.	München M.	11.7.78	Eichstätt	k	
Ender Hans, G.A.	Ingolstadt	26.12.75	Hainhofen	k	
Dr. Engel Franz Joseph, G.L.	Passau	4.5.67	Heigenbrücken (U.F.)	k	
Engelhardt Hans, G.A.	Landau	9.11.73	Pottenstein (O.Fr.)	k	00
Dr. Engelhardt Konrad, G.L.	Frankenthal	.7.73	Kipfenberg (M.Fr.)	k	99
Engelhardt Wilhelm, G.Pr., R.	München W.	.6.63	Feuchtwangen (M.F.)	pr	
Dr. Englert Sebastian, G.R.	Dillingen	7.54	Aschaffenburg	k	76
Enzensperger Ernst, G.A., M.	München W.	22.5.77	Spalt (M F.)	k	02
Enzinger Karl, G.A.	Weiden	23.1.79	Gempfing	k	02
Erb Theodor, G.L., M.	Pirmasens	9.11.78	Pirmasens	pr	01
Erhard Hermann, G.Pr., M.	München KK.	23.5.60	Nördlingen	pr	82
P. Erhart Philipp, O.S.A., G.A., M.	Münnerstadt	26.8.72	Erbshausen	k	01
Dr. Ernst Christian, G.Pr., M.	Amberg	26.10.59	Maikammer	k	84
Ernst Friedrich Wilh., St.L.	Lindau	26.3.74	München	pr	97
Ettenreich Ludwig, G.Pr.	Rosenheim	25.8.55	Schwandorf	k	79
Euler Karl, G.Pr., R.	Landau (Pf.)	3.9.48	Niederalben (Rh.Pr.)	pr	—
Ewald Wilhelm, G.A.	Nürnberg A.	8.5.77	Vorra (M.F.)	pr	02
Dr. Faber Georg, G.L., M.	Würzburg N.	5.4.77	Kaiserslautern	k	00
von Fabris Friedrich, G.Pr., M.	Passau	3.10.59	Amberg	k	83
Faderi Georg, St.L.	Blieskastel	15.2.59	Wackersdorf (O.Pf.)	k	83
Faltermayer Heinrich, Pr., G.Pr., R.	Burghausen	20.1.40	Altötting	k	—
Faulland Johann, G.Pr., M.	Münnerstadt	9.11.53	Fürth	k	83
Faulmüller Paul, G.L.	Grünstadt	25.2.71	Augsburg	pr	97
Fauner Wilhelm, G.L.	Donauwörth	17.6.65	Tirschenreuth	k	88
Dr. Feeser Nikolaus, G.Pr., St.R.	Würzburg N.	7.10.40	Obersfeld (U.F.)	k	63
Fehlner Albert, G.R.	Lohr	3.2.53	Eichstätt	k	75
Feldl Karl, G.A.	Amberg	2.11.75	Forsthart	k	01
Dr. Fertig Hans, G.Pr.	Schweinfurt	20.4.65	Miltenberg	k	89
Fick Emil, G.L., M.	Neuburg a. D.	24.11.71	Nürnberg	pr	95

Erste Anstellung als				Besondere Bemerkungen
Gymnasiallehrer (Studienlehrer) (Reallehrer) wann? wo?	Gymnasialprofessor oder Rektor e. Progymn. wann? wo?	Konrektor (Studienrat) wann? wo?	Gymnasialrektor wann? wo?	
16.12.86 Würzbg. N. 1.10.97 Zweibrücken 10.10.78 Schweinfurt	1.7.96 München Lp. — 1.7.92 Freising	— — —	— — 1.9.04 Weiden	L. a. D., LD II. Kl.
1.1.81 Kitzingen 1.7.98 Traunstein 29.10.86 Augsbg. St. 1.1.77 Würzburg	16.3.94 Dillingen — — 1.7.92 Nürnberg N.	— — — —	— — — —	Philolog. Examen 86
16.9.96 Augsburg St. 26.9.01 Kusel 1.1.98 Windsheim 1.2.77 Münnerstadt	— — — 1.7.00 Eichstätt	— — — —	— — — —	Direktor des Instituts f. h. B. Zugl. Lehrer der Stenographie.
— — 1.6.95 Passau —				
1.9.04 Frankenthal — 1.10.80 Dillingen —	. 16.4.90 München W. 1.1.94 Eichstätt —	— — — —	— — 1.9.03 Dillingen —	Lehrer d. Hebräisch. OL, LD II. Kl., gepr. Lehrer d. Stenogr.
1.1.05 Pirmasens 1.10.89 Kempten	— 13.9.00 München K.K.	— —	— —	Oberlt. a. D., LD II.
1.5.89 München Rsch.	1.1.01 Amberg			
1.9.01 Lindau 1.11.87 Edenkoben —	1.1 05 Rosenheim 16.10.82 Landau	— — —	— — —	
1.9.02 Traunstein 1.7.92 Passau 1.7.92 Blieskastel —	1.7.00 Passau — 16.11.82 Burghausen			
15.9.93 Amberg 1.9.02 Grünstadt 1.9.95 Donauwörth 20.11.65 Kaiserslautern	1.7.00 Münnerstadt — — 1.9.78 Neuburg a. D.	1.9.04 Würzburg N.	— — — —	
4.4.78 München M.	1.7.92 München W.	—	1.9.02 Lohr	Komtur des K. span. Ordens Isabellas der Katholischen.
30.11.94 Freising 1.9.96 Neuburg a. D.	1.10.03 Schweinfurt —	—	—	

Namen der Lehrer a) Geschlechtsname, b) Vorname, c) Stellung, d) Bezeichnung des Faches für die Fachlehrer	Anstalt, an welcher gegenwärtig tätig	Geboren wann? wo?	Konfession	Jahr des Hauptkonkurs. / 2. Prüfungsab chn.
Fieger Martin, G.L.	Donauwörth	31.10.71 Graisbach	k	97
Finger Philipp, G.A.	Bayreuth	20.4.74 Ramberg	men.	02
Fink Joseph, K.R.	Passau	21.10.50 Würzburg	k	75
Dr. Fischer Friedrich, G.L.	München Th.	5.10.74 Nürnberg	pr	98
Fischer Friedrich, G.L., M.	Oettingen	7.1.74 Nürnberg	pr	99
Fischer Gottlob, G.Pr., M.	Nürnberg N.	13.12.52 Erlangen	pr	76
Fischer Veit, G.L.	Bamberg A.	3.12.55 Weismain	pr	88
Fischl Hans, G.L.	Schweinfurt	24.2.64 Stadtamhof	k	96
Flasch Franz, G.A.	Nürnberg A.	17.9.75 Retzstadt	k	00
Dr. Fleischmann Johann Karl, G.Pr.	Nürnberg A.	5.5.43 Nürnberg	pr	65
Dr. Flemisch Michael, G.L.	München R.	3.2.73 Eckenbrunn (Schw.)	k	98
Flessa Ferdinand, K.R.	Amberg	15.8.51 Ellingen (M.Fr.)	k	75
Flickinger Adolf, G.L.	Edenkoben	7.10.75 Zweibrücken	pr	98
Flierle Joseph, G.Pr.	München M.	27.12.57 Titting (M.Fr.)	k	81
Foertsch Adolf, G.L.	Oettingen	15.9.70 Üngershausen (U.Fr.)	pr	94
Forster Ludwig, G.L.	Günzburg	17.2.76 Wörth (O.B.)	k	99
Frank Joseph, G.A.	München Th.	23.12.75 Tirschenreuth	k	00
Frauenhofer Georg, Pr., G.Pr., R.	Bamberg N.	25.9.54 Windheim (O.Fr.)	k	—
Dr. Frese Richard, G.L.	Neustadt a. H.	11.11.62 Dorpat	pr	98
Freyberg Bernhard, G.Pr., N.	Freising	17.9.54 Neumarkt (O Pf.)	k	79
Dr. Friedrich Jakob, G.Pr., N.	Augsburg A.	18.7.57 Helmbrechts	pr	80
Fries Jakob, G.L.	München Ld.	1.9.66 Höttingen (U.Fr.)	k	90
Fries Siegmund, G.Pr.	Augsburg A.	1.11.56 Nürnberg	pr	78
Friefs Christoph, G.L.	Windsheim	27.1.71 Uffenheim	pr	95
Dr. Fritz Wilhelm, G.L.	Ansbach	12.8.67 Fürth	pr	90
Frobenius Rudolf, G.A.	Dillingen	21.5.79 Oberlaimbach (M.Fr.)	pr	01
Frör Franz, G.L., M.	Rothenburg	15.6.76 Würzburg	k	00
Dr. Frommann Karl, G.Pr.	Nürnberg N.	21.3.47 Koburg	pr	70
Dr. Fronmüller Wilhelm, G.Pr.	Weiden	30.12.62 Kammin (Pomm.)	pr	86
Fuchs Albert, G.L.	Aschaffenbrg.	25.10.68 Kahl a.M. (U.Fr.)	k	93
Dr. Fuchs Friedrich, G.Pr., M.	Bamberg A.	21.5.57 Hafsloch (Pf.)	pr	81
Füger Joseph, G.Pr.	Würzburg N.	30.11.47 Zimmern (U.Fr.)	k	71
Fürst Adolf, G.L.	Regensbg. N.	4.10.64 Saulgau (Württem.)	k	91
Fugger Hans, G.Pr.	Hof	11.3.54 Lanzenried (O.B.)	pr	77
Futterknecht Hans, G.A.	München W.	4.5.75 Augsburg	k	02
Gaenfsler Wilhelm, G.A.	Hersbruck	8.6.77 Dinkelsbühl	k	00
Gaiser Franz, G.L.	Neustadt a. H.	11.10.68 Nördlingen	k	94
Gallenmüller Joseph, G.Pr., M.	Aschaffenbg.	5.6.36 Dillingen	k	60
Dr. Gafsner Heinrich, G.Pr., N.	München K.K.	15.4.60 Windsbach (M.Fr.)	pr	82
Gayer Siegmund, G.A.	München Ld.	4.12.71 Eurasburg (O.B.)	k	03
Dr. Gaymann Valentin, G.L.	Würzburg N.	5.9.74 Würzburg	k	97

Erste Anstellung als					Besondere Bemerkungen
Gymnasiallehrer (Studienlehrer) (Reallehrer) wann? wo?	Gymnasialprofessor oder Rektor e. Progymn. wann? wo?	Konrektor (Studienrat) wann? wo?	Gymnasialrektor wann? wo?		
1.9.02 Donauwörth	—	—	—	
1.1.77 Landstuhl 1.9.02 München Lp.	16.9.92 Würzburg —	1.9.04 Passau —	— —	Strecken-Kommissär der Reichslimeskommission.
1.9.02 Oettingen 16.12.79 Lindau R. 16.9.92 Windsheim 1.9.01 Germersheim	— 15.10.96 Nürnberg — —	— — — —	— — — —	
— 1.5.69 Nürnberg 1.4.02 München R. 1.1.77 Landstuhl	— 5.9.82 Schweinfurt — 1.11.91 Freising	— — — 1.9.04 Ambg.	— — — —	Gepr. Lehrer f. Stenographie.
1.9.02 Edenkoben 1.1.88 Amberg 1.1.00 Oettingen 1.1.05 Günzburg	— 1.7.98 Landshut — —	— — — —	— — — —	AM 94
— 1.9.01 Neustadt a.H. 1.12.84 Landsberg R.	1.12.93 Bamberg N. — 1.9.95 Freising	— — —	— — —	1889—95 Gymnasialoberlehrer a. Priv.-gymn. in Dorpat.
1.8.86 Kempten 1.4.96 Kaiserslautern 20.5.82 Memmingen 1.11.00 Windsheim	1.7.98 Augsburg A. — 1.1.95 Nürnberg N. —	— — — —	— — — —	HL a. D. LD 1. Kl.
1.11.93 Nördlingen	—	—	—	LR.
1.9.04 Rothenburg 7.2.74 Landau	— 1.8.86 Nürnberg A.	— —	— —	
1.9.94 Weißenburg i.B. 1.4.99 Kaiserslautern 1.3.88 Speyer R. 9.12.72 Miltenberg	1.9.02 Ludwigshafen — 1.7.98 Speyer R. 1.9.98 Würzburg N.	— — — —	— — — —	Lehrer für Naturk. LR. LD II.
1.7.96 Regensburg 16.4.81 Kaiserslautern	— 1.7.94 Hof	— —	— —	LD II.
— 1.9.99 Neustadt a.H. 1.1.71 Aschaffenburg 15.9.87 Lindau R.	— — 16.11.76 Speyer 1.4.99 München K.K.	— — — —	— — — —	LD I.
1.9.01 Würzburg N.	—	—	—	

Namen der Lehrer a) Geschlechtsname, b) Vorname, c) Stellung, d) Bezeichnung des Faches für die Fachlehrer	Anstalt, an welcher gegenwärtig tätig	Geboren wann?	wo?	Konfession	Jahr des Hauptkonkurs, 2. Prüfungsabschn.
Dr. Gebert Joh. Bapt., G.Pr., M.	Straubing	26.11.57	Freising	k	80
Dr. Gebhard Friedrich, G.Pr.	München W.	1.12.54	Rottendorf (U.Fr.)	pr	77
Dr. Gebhardt Otto, G.A.	Bayreuth	17.9.78	Altisheim (Schw.)	k	02
P. Geiger Godehard, O.S.B., G.R.	Metten	6.9.53	Unterzwieselau (N.B.)	k	83
Geiger Johann, G.L.	Landshut	31.10.62	Lichtenhaag (N.B.)	k	90
Dr. Geiger Karl, G.Pr., M.	Landshut	8.3.61	Landshut	k	85
Geißler Alois, G.A.	Würzburg A.	31.8.79	Aschaffenburg	k	02
Geist August, G.Pr., N.	Bayreuth	19.11.60	Würzburg	k	83
Dr. Georg Alfred, G.L.	Weißenburg i.B.	13.3.77	Lambrecht (Pf.)	pr	99*
Georgii Adolf, Rektor	Rothenbg.o.T.	14.8.52	Frankfurt a. M.	pr	74
Georgii Wilhelm, G.Pr.	Nürnberg R.	13.1.65	Frankfurt a. M.	pr	86
Dr. Gerathewohl Bernhard, G.Pr.	Ansbach	28.10.58	Bautzen	pr	83
Gerstenecker Johann, O.St.R., G.R.	Regensbg. A.	13.2.48	München	k	71
Geyer Heinrich, G.L.	Kitzingen	20.11.67	Finsteran (N.B.)	k	91
Dr. Geyer Paul, G.Pr.	Augsburg A.	9.8.59	Friesenhausen (U.Fr.)	pr	81
Geyr Theodor, G.Pr.[1])	Kempten	6.11.53	Gunzesried (Schw.)	k	77
Gimmel Philipp, G.L.	Dürkheim	6.7.67	Niederotterbach (Pf.)	k	90
Girstenbräu Franz X., Pr., G.Pr., R.	München W.	11.11.48	Augsburg	k	—
Dr. Glaser Max, G.Pr.	Amberg	11.10.63	Obernzell (N.B.)	k	87
Gleber Konrad, G.L.	Fürth	3.2.59	Wachenheim	pr	86
Dr. Gleitsmann Anton, G.Pr.	München R.	6.10.55	Herrieden (M.Fr.)	k	78
Dr. Glock Anton, G.A., Real.	München R.	27.3.77	München	k	01
Dr. P. Glogger Plaz., O.S.B., G.L., N.	Augsburg St.	12.8.74	Augsburg	k	98
Gölkel Eduard, G.L.	Memmingen	27.6.68	Hof	pr	91
Dr. Gött Georg, G.R.	Ingolstadt	26.2.48	München	k	73
Götz Karl, G.L.	Speyer	28.5.63	Blieskastel	k	88
Goetz Leonhard, Rektor[2])	Weißenburg i.B.	11.11.40	Auerbach (M.Fr.)	pr	63
Dr. Goetz Wilhelm, G.Pr., Real.[3])	München K.K				74
Dr. Goller Adam, G.L., M.	Würzburg R.	27.5.78		pr	00
Dr. Gollwitzer Theodor, G.Pr.	Kaiserslautern	9.11.60	Ullersricht (O.Pf.)	pr	82
Dr. Gottanka Ferdinand, G.A.	München Ld.	2.1.78	Mering (O.B.)	k	02
Gräf Adam, Pr., G.L.	München Ld.	6.4.64	Hammelburg	k	90
Graf Matthias, G.Pr.	Dillingen	7.10.58	Palkring (O.Pf.)	k	84
Grebner Joseph, G.L.	Landau	20.10.73	Würgau (O.Fr.)	k	96
Gretsch Johannes, G.Pr., M.	Bamberg N.	25.5.52	Würzburg	k	78
Griesmaier Georg, G.Pr.	Passau	8.1.52	Uebersee	k	79
Grießbach Johannes, G.Pr.	Erlangen	11.10.53	Gleißenberg (M.Fr.)	pr	76
Groebl Johann Nepomuk, K.R.	Dillingen	13.12.53	Ingolstadt	k	75
Groll Joseph, G.Pr., M.	München L.	23.1.47	Kempten	k	72
Groß Eduard, K.R.	Nürnberg N.	14.10.44	Kehl a. Rh.	pr	66

— 39 —

Erste Anstellung als				Besondere Bemerkungen
Gymnasiallehrer (Studienlehrer) (Reallehrer) wann? wo?	Gymnasialprofessor oder Rektor e. Progymn. wann? wo?	Konrektor (Studienrat) wann? wo?	Gymnasial- rektor wann? wo?	
16.5.88 Straubing R. 16.4.81 Amberg — —	1.1.01 Straubing 1.7.94 München W. — 84 Metten	— — — —	— — — 91 Metten	K. 88—94, Vorst. 94 bis 03. AM.
1.7.96 Edenkoben 1.3.93 Landshut — 16.9.90 Eichstätt	— 1.1.01 Landshut — 1.9.99 Traunstein R.	— — — —	— — — —	LL a. D.
1.4.04 Weißenbg.i.B. 1.1.77 Blieskastel 1.7.94 Kaiserslautern 1.10.89 Zweibrücken	— 1.9.99 Kusel 15.9.02 Nürnberg R. 15.10.99 Ansbach	— — — —	— — — —	Zugl. Lehrer für Stenographie.
1.10.74 Landshut 1.1.99 Kitzingen 1.11.84 Wunsiedel 1.1.85 Blieskastel	1.8.86 München L. — 1.9.96 Erlangen 1.9.01 Kempten	— — — —	16.9.92 Regens- burg A. — — —	Mitglied des Obersten Schulrates; AM 79 bis 86, StV 86—85. Vorst. 88—94. ¹) Zugl. Lehrer für Stenographie
15.11.96 Annweiler — 1.1.94 Dillingen 1.9.94 Windsheim	— 1.10.81 Dillingen 1.10.02 Amberg —	— — — —	— — — —	K. geistl. Rat, Ehren- kanonikus am K. Hofstift St. Kajetan, Komtur des Ordens vom hl. Grabe.
15.9.81 Rosenheim 18.9.00 Augsburg St. 1.9.95 Memmingen	1.10.94 München R. — —	— — —	— — —	Zugl. Präfekt im K. Studiensem. St. Jos.
1.1.77 München W. 1.10.94 Landstuhl 1.10.66 Weißenburg	16.4.88 München W. — 1.9.94 Weißenburg 1.10.90 München K.K.	— — — —	1.9.98 Ingolstadt — — —	M 4, KWEM, Ritt. d. k. k. ö. FJO., Inh. d. Feldzugsdenkm. ²) Inh. des Dienstaus- zeich.-Kr. f. 30jähr. Dienst f. d. rote Kr. ²) M 4, Honorarprof. a. d. techn. Hochsch.
1.9.02 Ludwigshafen R. 1.5.88 Landau (Pf.) 16.12.90 Amorbach 1.7.92 München Lp.	— 1.10.03 Kaiserslautern — 1.9.01 Dillingen	— — — —	— — — —	Fachlehrer f. Natur- kunde.
1.1.01 Landau 1.2.83 Landsberg R. 1.8.86 Dillingen 25.9.80 Hof	— 1.1.95 Bamberg N. 15.12.96 Passau 16.4.94 Neustadt a.H.	— — — —	— — — —	Gepr. Lehrer f. Ste- nographie u. LL I. Oberlt. a. D.
1.4.77 Homburg (Pf.) 16.4.73 Kempten R. 1.10.69 Fürth	1.7.92 Dillingen 16.10.86 Amberg 1.1.85 München W.	1.9.04 Dillin- gen 1.9.04 Nürnb.	— — —	Gepr. Lehr. d. Sten. LL a. D., Kriegsdenk. f. K., LD, KWEM.

Namen der Lehrer a) Geschlechtsname, b) Vorname. c) Stellung, d) Bezeichnung des Faches für die Fachlehrer	Anstalt, an welcher gegenwärtig tätig	Geboren wann? wo?	Konfession	Jahr des Hauptkurs. 2.Prüfungsabsohn.
Groſs Karl, G.A.	Dillingen	29.10.76 Cham	k	01
Groſs Ludwig, G.Pr., M.	Würzburg A.	13.2.60 Donsieders (Pf.)	pr	85
Dr. Gruber Anton, G.L.	Bamberg N.	1.7.75 Scheidegg (Schw.)	k	98*
Grubmüller Ludwig, G.A.	Schäftlarn	13.11.75 Aicha v. W.	k	01
Grünewald Cyriakus, G.A.	Kusel	28.2.79 Aidhausen (U.Fr.)	k	02
Dr. Grünenwald Lukas, G.Pr.	Speyer	5.2.58 Dernbach (Pf.)	k	83
Dr. P. Grundl Beda, O.S.B., G.Pr.	Augsburg St.	28.11.59 Wemding	k	89
Dr. Gückel Martin, G.Pr.	Bamberg A.	18.2.55 Trunstadt	k	80
Dr. Gümbel Karl Ludwig, G.Pr., R.	Speyer	1.8.42 Kusel	pr	—
Dr. Günther Karl, G.Pr.	Regensbg. A.	12.8.59 Weiden	k	83
Günther Karl, G.L.	Aschaffenbg.	8.12.71 Augsburg	k	94
Günther Max, G.L., M.	Grünstadt	11.1.78 Neu-Ulm	k	00
Gürsching Moritz, G.Pr.	Bayreuth	17.1.59 Augsburg	pr	81
Gürthofer Georg, G.Pr.	Freising	10.5.46 München	k	73
Dr. Guthmann Wilhelm, G.Pr.	Nürnberg A.	10.2.62 Nürnberg	k	84
Haaf Johannes, G.L.	Speyer	12.10.57 Annweiler	k	83
Haas Anton, G.L., M.	Germersheim	18.4.75 Diemantstein(Schw.)	k	98
Haber Jakob, G.L., N.	Schwabach	11.4.73 Pirmasens	pr	98
Haberl Anton, G.L.	Donauwörth	18.1.64 Elsendorf (N.B.)	k	91
Haberl Johann Ev., G.L.	Dillingen	14.3.56 Elsendorf (N.B.)	k	84
Hacker Friedrich, Rektor	Kusel	16.9.60 Mengersdorf (O.Fr.)	pr	83
Dr. Häfner Ernst Gustav, G.Pr.	Amberg	22.9.62 Würzburg	k	85
Dr. Hämmerle Alois, G.Pr.	Eichstätt	29.7.62 Augsburg	k	88
Dr. Haffner Gotthilf, G.L., M.	Fürth	10.1.74 Zeilitzheim (U.Fr.)	pr	97
Hafner Augustin, G.L.	Günzburg	24.12.70 Zusamzell (Schw.)	k	93
Dr. Hahn Ludwig, G.Pr.	Nürnberg N.	27.7.64 Würzburg	pr	87
Haibel Leonhard, Rektor	Kirchheimbol.	29.12.51 Untermos (Schw.)	k	76
Hailer Eduard, G.Pr.	Freising	21.9.51 München	k	74
Hammer Kaspar, G.R.	Würzburg A.	28.11.51 Kitzingen	k	73
Dr. Hammerschmidt Karl, G.Pr.	Speyer	12.6.62 Kipfenberg	pr	84
Dr. Hamp Karl, G.Pr.	München Th.	29.8.57 Hürben (Schw.)	k	83
Handel Peter, G.Pr., M.	Würzburg R.	9.11.47 Finkenbach-Gersweiler	k	72
Harau Hans, G.L.	Schwabach	10.12.71 Rainhausen (O.Pf.)	k	95
Harbauer Joseph Maria, G.Pr.	Dillingen	22.1.64 München	k	87
Harl Joseph, G.Pr.	Straubing	6.11.52 Reichenhall	k	80
Dr. Hart Georg, G.Pr., N.	Aschaffenbg.	16.10.56 Crazsambach (O.Fr.)	k	83
Hartleib Philipp. St.L.	Landstuhl	18.12.70 Pfaffschwende (Preuſs.)	k	98
Hartmann Christian, G.Pr., M.	Schweinfurt	29.11.53 Regensburg	pr	76

Erste Anstellung als				Besondere
Gymnasiallehrer (Studienlehrer) (Reallehrer) wann? wo?	Gymnasialprofessor oder Rektor e. Progymn. wann? wo?	Konrektor (Studienrat) wann? wo?	Gymnasial- rektor wann? wo?	Bemerkungen
—	—	—	—	
1.7.94 Nürnberg N. 1.10.02 Bamberg N.	15.8.02 Würzburg A. —	—	—	Gepr. Lehrer f. Stenographie
—	—	—	—	
1.1.89 Neustadt a. H. 1.10.90 Augsburg St. 16.8.88 Rosenheim 16.11.81 Speyer	1.1.99 Speyer 16.9.03 Augsburg St. 1.7.00 Dillingen 16.11.96 Speyer	—	—	Lyzealprofessor. Doktor d. Theol. h. c.
1.1.89 Dillingen 1.9.00 Edenkoben 1.9.04 Grünstadt 1.5.88 Ansbach	1.1.99 Regensbg. A. — — 1.1.04 Bayreuth	—	—	
8.10.76 Landau 16.10.91 Pirmasens	1.8.92 Rosenheim 1.1.01 Bayreuth	—	—	OL a. D.
1.7.92 Kirchheimbolanden 16.11.00 Germersh. 1.9.04 Schwabach	—	—	—	Zugl. Turnlehrer.
1.10.97 Kirchheimboland. 20.4.93 Dillingen 16.9.90 Lindau i. B. 1.7.92 München L.	— — 27.9.04 Kusel 1.4.02 Amberg	—	—	OL a. D., LD I.
16.9.93 Münnerstadt 1.1.00 Fürth 1.9.99 Rosenheim	1.9.03 Eichstätt — —	—	—	
1.9.94 Schwabach 1.9.78 Lohr 1.8.75 Weißenbg.i.B. 16.8.74 Günzburg	16.8.02 Nürnberg N. 1.11.99 Kirchheimboland. 1.7.00 Freising 1.1.88 Burghausen	—	— 1.9.98 Speyer	Gepr.Stenogr.Lehrer. Gepr.Lehr.d.Stenogr. M. 4,
15.9.90 Speyer 1.10.89 Passau 16.8.77 Eichstätt R.	1.7.00 Speyer 1.4.99 Aschaffenburg 1.1.96 Würzburg R.	—	—	Gepr. f Turnen und Stenogr., Lehrer d. Naturk., Landtagsabgeordneter.
1.9.01 Landstuhl 1.7.94 Rothenbg. o.T. 16.4.89 Pirmasens 1.11.89 Passau 11.8.04 Landstuhl 1.2 81 Wunsiedel R.	— 16.10.02 Münnerstadt 16.8.02 Straubing 3.7.00 Aschaffenburg — 1.9.97 Schweinfurt	—	—	OL a. D., LD I. Lehrer f. Naturk. Vorst. d. K. Hofbibl. in Aschaffenburg. Zugl. Turnlehrer.

Namen der Lehrer a) Geschlechtsname, b) Vorname, c) Stellung, d) Bezeichnung des Faches für die Fachlehrer	Anstalt, an welcher gegenwärtig tätig	Geboren wann? wo?	Konfession	Jahr des Hauptkonkurs. 2. Prüfungsabschn.
Hartmann Franz Joseph, G.Pr.	Regensbg. N.	27.3.57 München	k	82
Hartmann Karl, G.L.	Augsburg A.	9.11.69 St. Leonhard b. Nürnb.	pr	92
Hasenstab Bened., G.R., Stud.Insp.	München K.K.	4.1.46 Rothenbuch (U.Fr.)	k	71
Haslauer Adolf, G.L.	Burghausen	26.12.73 Moos (N.B.)	k	97
Hatz Gottlieb, G.Pr.	München W.	10 5.54 Laubendorf (M.Fr.)	k	78
Dr. Hauck Georg, G.Pr.	Straubing	4.11.60 Knittelsheim (Pf.)	k	85
Haug Joseph, G.L., M.	Kitzingen	19.3.74 Günzburg	k	00
Haupt Oswald Gabriel, G.L.	Würzburg R.	25.3.76 Neubrunn (U.Fr.)	k	98
Dr. Haury Jakob, G.Pr.	Hof	2.1.62 Ottersheim (Pf.)	pr	84
Hauser Wilhelm, G.L.	Schwabach	10.2.66 Nördlingen	pr	91
Haufsner Andreas, Rektor	Nördlingen	28.4.57 Erlangen	pr	79
P. Hauth Rupert, O.S.B., G.L., M.	Metten	18.7.74 Stadt Eschenbach	k	00
Heberle Innocenz, G.A.	Neustadt a. A.	3.10.71 Altusried (Schw.)	k	99
Dr. Hecht Otto, G.Pr. N.W.	Würzburg R.	6.1.46 Waldfischbach (Pf.)	—	70
Heck Karl, G.A.	Traunstein	23.10.75 München	k	00
Heeger Anton, G.L.	Dürkheim	17.12.64 Westheim (Pf.)	pr	86
Heeger Georg, G.Pr., N.	Landau	19.11.56 Westheim (Pf.)	pr	80
Dr. Heel Eugen, G.L.	Günzburg	20.2.75 Speyer	k	98*
Dr. Heerwagen August, G.Pr. N.W.	Nürnberg R.	1.6.49 Bayreuth	pr	71
Heffner Friedrich, G.Pr.	München Lp.	11.4.58 Königstein (O.Pf.)	k	83
Heger Philipp, G.A.	Aschaffenbg.	16.1.75 Bonnland (U.Fr.)	k	00
Heid Martin, G.Pr., St.R.	München Ld.	7.2.45 Schippach (U.Fr.)	k	67
Heigl Joseph, G.Pr., M.	Burghausen	28.8.54 Nabburg	k	81
Heigl Ludwig, G.A.	Bamberg N.	10.12.74 Freyung v. W.	k	99
Dr. Heindl Wilhelm, G.L.	München W.	22.3.76 Augsburg	k	99
Heinisch Hans, G.Pr.	Regensbg. A.	30.3.56 Donndorf (O.Fr.)	pr	78
Dr. Heinlein Ludwig, G.L.	Fürth	19.8.74 Nürnberg	pr	98
Heinz Anton, G.L.	Dinkelsbühl	17.5.75 Untereichen (Schw.)	k	98
Dr. Heisenberg August, G.L.	Würzburg A.	13.11.69 Osnabrück	pr	91
Held Hermann, G.Pr., M.	Nürnberg A.	25.7.56 Bronn (O.Fr.)	pr	82
Held Joseph, G.L.	Frankenthal	25.4.76 Isen (O.B.)	k	99
Heller Theodor, G.L., M.	Nürnberg R.	9.4.69 Öttingen	pr	95
Hellfritzsch Franz Xaver, Rektor	Germersheim	5.10.51 Neuburg a. D.	k	74
Hellmuth Clemens, G.Pr.	München L.	24.7.50 München	k	73
Dr. Hellmuth Hermann, G.R.	Hof	26.12.51 Kunreuth (O.Fr.)	pr	74
Dr. Helmreich Georg, G.R.	Ansbach	10.12.49 Büchenbach (M.F.)	pr	73
Helmreich Theodor, G.A.	Nürnberg N.	5.2.76 Berndorf	pr	01
Helmsauer Benno, G.Pr.	Eichstätt	22.9.51 Freising	k	75
Hemmerich Karl, G.A.	Günzburg	22.11.68 Würzburg	k	99
Dr. Henrich Emil, G.L.	Neustadt a. H.	27.12.68 Reichenbach (Pf.)	k	91

— 43 —

Erste Anstellung als				Besondere Bemerkungen
Gymnasiallehrer (Studienlehrer) (Reallehrer) wann? wo?	Gymnasialprofessor oder Rektor e. Progymn. wann? wo?	Konrektor (Studienrat) wann? wo?	Gymnasial-rektor wann? wo?	
1.4.91 Germersheim	1.1.05 Regensburg N.	—	—	Gepr. Lehrer d. Stenographie.
1.9.96 Augsburg A.	—	—	—	LL I.
1.10.73 Freising	16.6.84 München Lp.	—	16.9.93 Kempten	ML, Denkm. 70/71, LD I, M 4, KWEM.
1.9 01 Burghausen	—		—	
16.7.84 Schweinfurt	1.9.94 Rothenbg. o. T.	—	—	Gepr. Lehrer d. Stenographie.
1.7.92 Burghausen	1.10.01. Straubing	—	—	
1.9.04 Kitzingen	—	—	—	Gepr. Lehrer f. Naturkunde.
1.9.02 Würzburg R.	—	—	—	
15.10.91 München R.	1.7.00 Hof	—	—	
1.1.98 Landstuhl	—	—	—	
1.12.85 Öttingen	1.12.99 Nördlingen	—	—	
3.11.00 Metten	—	—	—	
—	—	—	—	
1.10.72 Nürnb. Gwb.-Sch.	16.1.74 Speyer R.	—	—	
—	—	—	—	
1.9.94 Dürkheim	—	—	—	
1.2.82 Landau R.	1.9.96 Landau	—	—	Zugl. Lehrer f. Naturk.
1.10.01 Würzburg N.	—	—	—	LR.
1.10.72 Wunsiedel R.	1.8.94 Nürnberg R.	—	—	
1.7.92 München Lp.	1.1.05 München Lp.	—	—	OL a. D.
15.4.71 Münnerstadt	1.4.83 Neuburg a. D.	1.1.05 München L.	—	
15.9.91 Kitzingen	15 7.99 Burghausen	—	—	
1.10.02 München W.	—	—	—	
10.10.85 Pirmasens	1.7.00 Regensbg. A.	—	—	
1.9.02 Fürth	—	—	—	
1.1.03 Dinkelsbühl	—	—	—	
15.4.97 Lindau	—	—	—	Privatdoz. f. mittel- u. neugriech. Phil. a. d. Univ. Würzb. LR.
16.10.88 Hof	1.1.99 Nürnberg	—	—	
1.10.03 Frankenthal				
1.9 96 Öttingen	—	—	—	
1.10.75 Blieskastel	1.9.95 Germersheim	—	—	LR a. D. Militärverdienstkr. Eis. Kreuz II, Kl Armeedenkz. 1866, 70/71, KWEM. LD II.
1.8.75 Pirmasens	16 4.88 Freising	—	—	
1.1.77 Würzburg	14.6.90 Regensburg	—	1.9.01 Hof	
1.10.75 Augsburg A.	15.10.88 Augsburg A.	—	16.10.99 Hof	
15.9.79 Neuburg a. D.	1.7.96 Eichstätt	—	—	
2.10.96 Neustadt a H.	—	—	—	Zugl. Lehrer f. Naturk.

Namen der Lehrer a) Geschlechtsname, b) Vorname, c) Stellung, d) Bezeichnung des Faches für die Fachlehrer	Anstalt, an welcher gegenwärtig tätig	Geboren wann?	wo?	Konfession	Jahr des Hauptkonkurs. 2. Prüfungsabschn.
Henz Heinrich, G.Pr., N.	Landshut	24.5.63	Lambrecht (Pf.)	pr	86
Herdel Valentin, G.L.	Bergzabern	23.7.48	Esthal (Pf.)	k	72
Dr. Hergt Max, G.Pr.	München Th.	16.9.55	Pfarrkirchen (N.B.)	k	79
Dr. Herlet Bruno, G.Pr., N.	Bamberg A.	21.1.63	Würzburg	k	85
Herrlein Johann, G.L.	Burghausen	28.10.56	Untererthal (U.Fr.)	k	82
Herrmann Theodor, G.A.	Nördlingen	20.8.77	Schweinfurt	pr	00
Herrnreiter Franz Xaver, G.L.	Forchheim	15.9.68	Sallach (N.B.)	k	95
Hertel Joseph, G.A.	Burghausen	15.5.74	Buchloe (Schw.)	k	99
Dr. Herting Gottlieb, G.Pr., M.	Augsburg A.	27.5.56	Dachsbach (M.Fr.)	pr	81
Hertzog Georg, G.Pr.	Amberg	29.5.64	Kaiserslautern	k	86
Herzer Jakob, G.-Pr.	Zweibrücken	11.4.53	Kottweiler (Pf.)	pr	77
Herzinger Friedrich, G.L.	Pirmasens	28.3.74	München	k	98
Dr. Heſs Hans, G.Pr., M.	Ansbach	2.2.64	Nürnberg	pr	84
Hessel Max, G.L., Z.	Bayreuth	14.8.63	Feuchtwangen	pr	83
Hetz Karl, G.L., M.	Kusel	15.9.60	Klingenmünster	pr	90
Dr. Heut Gottlieb, G.Pr., N.W.	Augsburg R.	19.2.43	Markt-Redwitz	k	73
Dr. Hey Oskar, G.Pr. (beurlaubt)	München W.	10.3.66	München	pr	88
Dr. Heydenreich Wilhelm, G.L.	Nördlingen	6.2.75	Würzburg	pr	99
Dr. Hilb Emil, G.A., M.	Augsburg R.	24.4.82	Stuttgart	isr	03
Hildenbrand Friedrich Joh., G.Pr.	Speyer	10.11.54	Dankenfeld (O.Fr.)	k	78
Hilgärtner Hans, G.L.	Landshut	19.9.61	Furth i. Wald	k	86
Hillebrand Hans, G.L.	Passau	6.8.71	Berchtesgaden	k	96*
Himmelstoſs Michael, G.L.	Dillingen	6.10.54	Dinzling (O.Pf.)	k	80
Himmler Gebhard, G.Pr.	München Ld.	17.5.65	Lindau i. B.	k	88
Hirmer Johann, G.L.	Miltenberg	5.9.65	Siegelsdorf	k	95
Dr. Hirmer Joseph, G.L.	München W.	6.11.73	Regensburg	k	97
Hirschmann Karl, G.A., M.	München Th.	15.10.78	Nürnberg	pr	01*
Hirschmann Moritz, G.A., M.	Nürnberg R.	18.4.78	Amberg	pr	02
P. Hirschvogl Richard, O.S.B., G.L.	Augsburg St.	2.9.50	Landsberg a. L.	k	77
Dr. Hoefler Franz, G.A.	Schäftlarn	29.2.76	Döringstadt (O.Fr.)	k	00
Höſs Kaspar, G.A.	Neustadt a. H.	24.9.74	Pipinsried (O.B.)	k	99
Hoferer Maximilian, G.R.	Kempten	27.9.53	Eschlbach (O.B.)	k	77
Hoffmann Hermann, G.Pr.	Günzburg	25.8.56	Göggingen	pr	80
Dr. Hoffmann Jakob, Pr., G.Pr., R.	München Lp.	9.3.64	Hengsberg (Pf.)	k	
Hoffmann Jakob, S.R.	Winnweiler	11.1.51	Schwanheim (Pf.)	k	75
Hoffmann Karl Eugen, K.R., M.	Speyer	6.5.48	Speyer	pr	70
Dr. Hoffmann Karl Friedr., G.Pr.	Regensbg. A.	3.5.63	Nürnberg	pr	84
Hoffmann Otto, G.Pr., M.	Zweibrücken	31.10.52	Ernstweiler (Pf.)	pr	84
Dr. Hofinger Fritz, G.L.	Landau	1.2.70	Fürth	pr	93
Hofmann Anton, Pr., G.Pr., R.	Ingolstadt	16.3.60	Eichstätt	k	—
Dr. Hofmann Friedrich, G.Pr.	Ingolstadt	29.1.65	Weiſsenburg i. B.	kr	87
Hofmann Georg, St.L.	Feuchtwangen	15.7.67	Unteralterthein (U.Fr.)	pr	91

Erste Anstellung als				Besondere Bemerkungen
Gymnasiallehrer (Studienlehrer) (Reallehrer) wann? wo?	Gymnasialprofessor oder Rektor e. Progymn. wann? wo?	Konrektor (Studienrat) wann? wo?	Gymnasialrektor wann? wo?	
1.4.93 Nürnberg R.L.	15.4.03 Landshut	—	—	
1.8.73 Bergzabern				
1.8.86 Landshut	1.9.96 München Th.	—	—	
1.6.90 Bamberg A.	1.7.00 Bamberg A.			
1.7.94 Burghausen	—	—	—	
—	—	—	—	
1.4.02 Forchheim		—	—	
—	—	—	—	
1.6.90 Augsburg A.	1.1.99 Augsburg A.	—	—	Lt. a. D.
1.7.92 Landau	1.1.02 Amberg			
1.1.83 Zweibrücken	1.7.94 Zweibrücken	—	—	OL a. D.
16.10.02 Pirmasens	—			
16.9.93 Ludwigshaf.	16.4.01 Ansbach	—	—	
1.1.03 Bayreuth	—			
1.9.94 Kusel	—			
1.9.76 Neumarkt R.	16.11.84 Passau	—	—	
1.7.94 München W.	1.4.03 München W.	—	—	
1.9.04 Nördlingen	—	—	—	
—	—	—	—	
1.8.86 Frankenthal	16.8.02 Speyer	—	—	Konservator d. Pfälz. Kreismus. i. Ehrenamte.
1.9.94 Landshut	—			
1.4.01 Homburg (Pf.)	—	—	—	
16.8.89 Homburg	—			
2.7.94 München W.	25.9.02 Passau	—	—	
1.9.01 Kirchheimbolanden	—			
1.1.01 Günzburg		—	—	
—	—	—	—	
1.11.77 Augsburg St.	—	—	—	
—	—	—	—	
1.12.81 Aschaffenbg.	1.7.94 München W.	—	1.10.04 Kempten	
1.8.86 Bayreuth	1.9.00 Ludwigshafen	—	—	
—	1.9.93 München Lp.	—	—	
16.9.82 Homburg	1.9.01 Winnweiler	—	—	
15.6.73 Zweibrücken	1.1.83 Speyer	1.9.04 Speyer	—	
16.5.91 Zweibrücken	1.7.00 Kaiserslautern	—	—	OL a. D., LD II. Kl.
10.9.92 Pirmasens	1.10.01 Nürnberg	—	—	
1.7.98 Landau	—	—	—	
—	16.7.02 Ingolstadt	—	—	
1.7.94 Pirmasens	16.8.02 Ingolstadt	—	—	
1.9.96 Feuchtwangen	—	—	—	

Namen der Lehrer a) Geschlechtsname, b) Vorname, c) Stellung, d) Bezeichnung des Faches für die Fachlehrer	Anstalt, an welcher gegenwärtig tätig	Geboren wann?	wo?	Konfession	Jahr des Hauptkonkurs. 2. Prüfungsabschn.
Hofmann Georg, G.A.	München Th.	9.2.80	Neuburg a. D	pr	02
Hofmann Johann, G.L.	Straubing	5.11.70	Geisfeld (O.Fr.)	k	95
Hofmann Karl, G.R.	Augsburg A.	23.4.38	Bamberg	pr	60
Hofmann Karl, G.Pr., M.	Ansbach	27.3.59	Würzburg	k	83
Hofmann Michael Joseph, G.Pr.	Amberg	25.5.49	Monbrunn (U.Fr.)	k	73
Dr. Hofmann Philipp, G.A.	München Ld.	9.7.77	Wendelstein (M.Fr.)	pr	01
Holler Friedrich, G.Pr.	Nürnberg R.	20.1.67	Ansbach	pr	89
Hollidt Karl, G.Pr., N.	Speyer	1.9.54	Düren (Rheinpr.)	k	78
Dr. Hoppichler Oskar, G.Pr.	Rosenheim	13.8.56	Weihmichl (N.B.)	k	80
Horneber Ferdinand, G.Pr., N.	Amberg	19.6.59	München	k	83
Hornung Adolf, G.A.	Dillingen				
Hornung Christian, Rektor	Windsbach	19.1.39	Lindelbach (U.Fr.)	pr	68
Dr. Hubel Karl, G.L.	Oettingen	7.5.77	Nördlingen	pr	99
Dr. Huber Anton, G.L.	Landshut	26.5.74	Wartenberg (O.B.)	k	98
P. Huber Michael, O.S.B., G.L., N.	Metten	26.1.74	Weil (O.B.)	k	01
Dr. Huber Peter, G.L.	Germersheim	9.8.74	Vohburg (O.B.)	k	98
Hublocher Hans, G.A.	Landshut	26.11.75	Vilsbiburg	k	00
Dr. Hümmerich Franz, G.L.	Hof	26.1.68	Bad Schwalbach	pr	91
Dr. Hüttner Georg, G.Pr.	Augsburg A.	17.4.57	Waldhäuslein (M.Fr.)	pr	80
P. Dr. Hufmayr Eugen, G.Pr.	Augsburg St.	16.2.69	Biburg (Schw.)	k	94
Hugel August, G.L.	Regensbg. A.	14.3.71	Cham	pr	95
Hussel Karl, Rektor.	Neustadt a. A.	22.1.55	Oettingen	pr	78
Dr. Hufslein Joh. Klem., G.Pr.	Würzburg A.	22.9.54	Stadtlauringen (U.Fr.)	k	80
Dr. Jahn Erhard, G.L.	Wunsiedel	26.4.66	Kulmbach	pr	88
Jahraus Karl, G.L., M.	Ludwigshafen	18.8.74	Ilbesheim (Pf.)	pr	98
Jakob Georg, G.L.	Speyer	20.4.74	München	k	98
Jakob Joseph, G.L.	Aschaffenbrg.	9.7.73	Kempten	k	98
Jannel Heinrich, G.L.	Regensbg. A.	11.5.68	Hohenau (N.B.)	k	93
Jbel Thomas, G.L., M.	Forchheim	29.3.70	Nürnberg	k	99
Jent Johannes, St.R., G.Pr, N.	Würzburg R.	2.10.39	Grünstadt (Pf.)	pr	67
Jmhof Eduard, G.A.	Forchheim	3.10.76	Brückenau (U.Fr.)	k	99*
Jnglsperger Hans, G.L.	München W.	28.9.71	Aunkofen (N.B.)	k	94
Dr. Joachimsen Paul, G.L.	München W.	12.3.67	Danzig	pr	94
Dr. Jobst Dionys, G.L., Real.	Augsburg R.	28.7.72	Fronberg (O.Pf.)	k	97
Jobst Hans, G.A.	München M.	9.3.77	Rieden (O.Pf.)	k	00
Joerges Friedrich, G.L., M.	Landau	3.12.69	Würzburg	pr	94
Dr. Joetze Franz, G.L.	München M.	20.4.69	Konitz (W.Preufs.)	pr	93
Dr. Johannes Joseph, G.Pr., M.	München Lp.	16.2.60	Brendlorenzen (U.Fr.)	k	83
Dr. Jpfelkofer Adalbert, G.Pr.	München Lp.	10.1.60	Plöfsberg (O.Pf.)	k	83
Jütten Heinrich, G.Pr., M.	München Ld.	10.8.54	Havert (Rheinpr.)	k	80
Juncker Ignaz, G.L.	Frankenthal	9.2.60	Trippstadt (Pf.)	k	84

— 47 —

Erste Anstellung als				Besondere Bemerkungen
Gymnasiallehrer (Studienlehrer) (Reallehrer) wann? wo?	Gymnasialprofessor oder Rektor e. Progymn. wann? wo?	Konrektor (Studienrat) wann? wo?	Gymnasial- rektor wann? wo?	
—	—	—	—	
1.7.00 Straubing	—	—	—	
16.1.61 Weißenbg. i. B.	16.4.76 Schweinfurt	—	16.9.92 Bayreuth	M 4. AM 89—92.
1.7.92 Ansbach	1.7.00 Ansbach	—	—	
1.10.76 Amberg	1.12.90 Amberg	—	—	
—	—	—	—	
1.9.94 Landau	1.9.04 Nürnberg R.	—	—	
10.10.81 Speyer	1.7.00 Speyer	—	—	HL I. LD I.
1.8.86 Neuburg a. D.	1.9.96 Rosenheim	—	—	
1.7.90 Straubing	1.7.00 Amberg	—	—	
1.4.69 Gunzenhausen	1.9.98 Windsbach	—	—	
1.9.04 Oettingen	—	—	—	
1.9.02 Landshut	—	—	—	
1.9.02 Metten	—	—	—	
1.4.02 Germersheim	—	—	—	
—	—	—	—	
1.8.97 Hof	—	—	—	
1.6.86 Ansbach	1.7.96 Ansbach	—	—	
16.9.95 Augsburg St.	16.9.03 Augsburg St.	—	—	Zugl. Lyzealprofessor u. Präf. am Kgl. Studienseminar St. Joseph.
1.7.00 Regensbg. A.	—	—	—	
16.7.84 Nürnberg	1.9.94 Günzburg	—	—	
1.8.88 Günzburg	15.8.02 Würzburg A.	—	—	
1.9.94 Wunsiedel	—	—	—	
1.7.00 Ludwigshafen	—	—	—	
1.10.02 Speyer	—	—	—	
1.9.02 Aschaffenburg	—	—	—	
1.1.98 Regensbg. A.	—	—	—	OL I. Inh. d. Bulgar. Civilverd.-Ordens I. Kl.
1.9.02 Forchheim	—	—	—	
10.11.67 Nürnberg	16.1.74 Würzburg R.	1.1.05	—	
—	—	—	—	
16.10.99 Würzbg. N.		—	—	LR.
1.9.99 Hof		—	—	
1.9.03 Augsburg R.		—	—	
—		—	—	
1.9.95 Grünstadt	—	—	—	
1.4.99 Lindau i. B.	—	—	—	
16.10.91 Freising R.	1.7.00 München Th.	—	—	
16.8.88 Würzburg N.	1.9.98 Straubing	—	—	
1.1.87 Landsberg R.	1.7.98 München Ld.	—	—	
1.9.94 Frankenthal	—	—	—	

Namen der Lehrer a) Geschlechtsname, b) Vorname, c) Stellung, d) Bezeichnung des Faches für die Fachlehrer	Anstalt, an welcher gegenwärtig tätig	Geboren wann? wo?	Konfession	Jahr des Hauptkonkurs. 2. Prüfungsabrechn.
Jung Theodor, G.L.	Memmingen	21.3.76 Neuhäusel (Pf.)	pr	98
Jungwirth Georg, G.Pr.	Landshut	12.4.51 Gars (O.B.)	k	75
Käb Karl, G.A., N.	Speyer	3.3.77 München	pr	02
Dr. Käsbohrer Leonhard, G.Pr., M.	Würzburg R.	20.1.55 Augsburg	k	76
Kaeſs Franz Joseph, Pr., G.Pr., R.	Regensbg. A.	3.11.64 Haidenaab (O.Pf.)	k	—
Kaestner Heinrich, G.Pr.	Schweinfurt	24.10.61 Nürnberg	pr	83
Kainz Georg, G.Pr., M.	Bamberg A.	17.4.54 Kirchmatting (N.B.)	k	79
Dr. Kalb Alfons, G.L.	München Th.	19.8.76 Eichstätt	k	98
Dr. Kalb Wilhelm, G.Pr.	Nürnberg N.	29.2.60 Engelthal (M.Fr.)	pr	80
P. Kappert E., O.S.B., G.L., M.	Metten	7.7.50 Elsdorf (Rheinpreußen)	k	—
Kappler Karl, G.L.	Weiden	15.6.73 Nürnberg	k	99
Karch Joseph, G.A.	Würzburg A.	12.3.78 Groſsostheim (U.Fr.)	k	00
Karg Georg, G.A., M.	Speyer	31.1.79 Landshut	k	02
Keck Ludwig, G.Pr., M.	Nürnberg N.	27.3.45 Augsburg	k	72
Dr. Keiper Philipp, K.R.	Regensbg. N.	15.3.55 Otterberg (Pf.)	pr	75
Dr. Keller Hans, G.L.	Nürnberg R.	30.9.69 Karlsruhe	pr	91
Kellermann Peter, G.A.	Fürth	8.1.76 Staudach (O.B.)	pr	99
P. Kellner Alfons, O.S.B., G.L., R.	Augsburg St	21.1.76 Augsburg	k	—
Kemlein Gottlob, G.Pr. M.	Ludwigshafen	18.10.55 Schweinfurt	pr	78
Dr. Kemmer Ernst, G.L.	München K.K.	5.9.72 Germersheim	k	95
Dr. Kemmer Ludwig, G.L.	München Lp.	2.3.69 Germersheim	k	91
Kempf Heinrich, St.L.	Homburg	18.10.71 Albstadt (U.Fr.)	k	95
Dr. Kempf Johann, G.L.	München L.	27.2.67 Waldaschaff (U.Fr.)	k	90
Kennel Albert, G.Pr.	Speyer	7.2.57 Schwegenheim (Pf.)	pr	79
Dr. Kennerknecht Daniel, G.Pr.	München M.	6.10.56 Weilheim	k	80
Keppel August, G.Pr.	Schweinfurt	3.8.63 Dürkheim (Pf.)	pr	86
Keppel Fritz, G.L.	Dinkelsbühl	21.2.71 Schweinfurt	pr	99
Kern Hans, G.Pr.	Nürnberg N.	25.10.50 Uffenheim	pr	72
Kern Karl, Rektor.	Kitzingen	7.2.59 Pfuhl (Schw.)	pr	79
Keſselring Georg, G.L.	München Th.	23.6.76 Marktsteft (U.Fr.)	pr	98*
Keſsler Franz, G.L.	Pirmasens	24.6.67 Pirmasens	k	90
Ketterer Hermann, G.A.	Aschaffenbg.	3.4.75 Unter-Lenzkirch (U.Fr.)	k	00
Dr. Ketterer Joh. Ad., Pr., G.Pr., R.	München R.	20.8.65 Tremmersdorf (O.Pf.)	k	—
Keyser Friedrich, G.L., M.	Uffenheim	24.3 71 Steinweiler (Pf.)	pr	97
Dr. Kiene Paul, G.Pr., N.	Ludwigshafen	23.11.55 Preetz (Holstein)	pr	78
Kieſsling Franz, G.Pr.	Ingolstadt	5.11.56 Hochstahl (O.Fr.)	k	82
Kieſsling Hans, G.Pr., M.	Hof	19.11.58 Hochstahl (O.Fr.)	k	87
Dr. Kinateder Georg, G.Pr.	Lohr	6.7.66 Oberdiendorf (N.B.)	k	89

— 49 —

Erste Anstellung als				Besondere Bemerkungen
Gymnasiallehrer (Studienlehrer) (Reallehrer) wann? wo?	Gymnasialprofessor oder Rektor e. Progymn. wann? wo?	Konrektor (Studienrat) wann? wo?	Gymnasial- rektor wann? wo?	
1.9.02 Memmingen	—	—	—	
1.11.76 Winnweiler	1.1.97 Landshut	—	—	Institutsdirektor.
16.5.79 Nürnberg	1.8.94 Würzburg R.	—	—	
—	1.5.96 Regensburg A.	—	—	
1.3.92 Windsheim	1.4.01 Schweinfurt	—	—	
16.10.86 Bamberg A.	1.9.96 Bamberg A.	—	—	
1.9.02 München M.				
1.8.86 Nürnberg N.	15.9.97 Neustadt a. H.	—	—	
1.1.92 Metten	—	—	—	Zugl. Lehrer f. Naturk.
1.9.03 Weiden	—	—	—	
—	—	—	—	
16.12.72 Weissenbg. i.B.	16.12.89 Nürnberg R.	—	—	
15.10.76 Ludwigshafen	25.9.89 Zweibrücken	1.9.04 Regensbg. N.	—	
1.6.96 Nürnberg R.	—	—	—	
15.9.99 Augsburg St.	—	—	—	
16.9.81 Ludwigshafen	1.9.98 Ludwigshafen	—	—	
17.12.99 München KK.	—	—	—	
15.12.96 Dillingen	—	—	—	Inhaber d. K. Preufs. Roten Adler-Ordens 4. Kl.
1.9.01 Homburg	—	—	—	
16.4.94 Lohr	—	—	—	Zugl. Lehrer f. Naturk.
1.8.86 Speyer	1.9.96 Speyer	—	—	
1.8.86 Bamberg A.	1.7.96 Bamberg A.	—	—	Gepr. Lehrer f. Steno- graphie.
1.9.94 Schweinfurt	16.8.02 Schweinfurt	—	—	
1.9.04 Dinkelsbühl	—	—	—	LD. II. Kl.
31.10.72 Memmingen	16.8.89 Nürnberg A.	—	—	L. a. D.; LD. II. Kl.
16.10.86 Nördlingen	1.11.00 Kitzingen	—	—	Gepr. Turnlehrer.
1.10.02 München Th.	—	—	—	LR.; AM.
1.5.96 Pirmasens	—	—	—	
—	16.9.03 München R.	—	—	
1.1.00 Uffenheim	—	—	—	HL.; LD. I.
12.10.82 Kempten R.	1.4.96 Landshut	—	—	
1.11.90 Ingolstadt	1.1.05 Ingolstadt	—	—	
16.9.93 Ingolstadt R.	16.8.02 Hof	—	—	
1.7.94 München Lp.	1.9.03 Lohr	—	—	

Namen der Lehrer a) Geschlechtsname, b) Vorname, c) Stellung, d) Bezeichnung des Faches für die Fachlehrer	Anstalt, an welcher gegenwärtig tätig	Geboren wann? wo?	Konfession	Jahr des Hauptkonkurs. 2. Prüfungsabschn.
Kissel Ferdinand, G.Pr., M.	Kaiserslautern	1.3.49 Bolanden (Pf.)	pr	73
Kissenberth Otto, G.L.	Wunsiedel	24.8.74 Zweibrücken	pr	97
Kistner Hans, G.A, M.	Bamberg N.	31.8.77 Gramschatz (U.Fr.)	k	01
Klaiber Richard, G.L.	Neustadt a.d.A.	18.9.68 Ludwigshafen	pr	92
Dr. Klein Emil, G.Pr., M.	Aschaffenbg.	1.3.58 Würzburg	k	82
Dr. Klein Friedrich, G.L., N.	Ansbach	25.2.69 Augsburg	pr	92
Klein Jakob Georg, G.A.	Schäftlarn	28.6.74 Ludwigshafen	k	01
Kloer Gustav, G.A.	Günzburg	5.1.78 Windsheim (M.Fr.)	pr	00
Klüber Rudolf, G.R., O.St.R.	Bamberg A.	21.1.35 Weyhers (Hess.-N.)	k	59
Klug Joseph, G.Pr., M.	Nürnberg R.	11.3.62 Obernburg (U.Fr.)	k	88
Kniefs Karl, G.Pr., M.	Augsburg A.	16.4.48 Schweinfurt	pr	69
Dr. Knoll Ernst, G.Pr.	Regensbg. A.	31.8.64 Erkheim (Schw.)	pr	86
Knoll Georg, G.L.	Dürkheim	1.4.65 Schellenbach (Schw.)	k	89
Koch Alwin, Rektor.	Frankenthal	30.12.39 Lindau	pr	64
Koch Franz Jos., Pr., G.Pr., R.	Regensbg. N.	24.7.58 Georgenberg (O.Pf.)	k	—
Dr. Koeberlin Karl, G.Pr.	Augsburg A.	7.10.53 Unterhohenried (U.Fr.)	pr	75
Dr. Köbert Hermann, G.Pr.	München Ld.	20.9.55 Frankenthal	k	79
Dr. Koegel Joseph, Pr., G.Pr., R.	München M.	10.12.41 Weifsenhorn	k	—
Kögerl Hugo, G.L.	Ingolstadt	14.4.63 Bellenberg (Schw.)	k	88
Dr. Köhler Albrecht, G.Pr.	Nürnberg A.	11.6.57 Amberg	pr	78
Königsdorfer Isidor, G.A.	Bayreuth	4.4.77 Baar (O.B.)	k	01
Kohler Franz Xaver, G.L.	Dillingen	18.6.74 Plöfsberg (O.Pf.)	k	98
Dr. Kopp Joseph, G.L.	Ansbach	9.1.76 Abensberg (N.B.)	k	99*
Kornbacher Hans, St.L.	Homburg (Pf.)	25.4.74 Veitsaurach (M.Fr.)	k	98
Krämer Georg, G.Pr., Z.	Nürnberg A.	3.10.52 Nürnberg	pr	79
Krafft Rudolf, G.Pr., R.	Kaiserslautern	27.9.67 Dannstadt (Pf.)	pr	—
Kraus August, G.L., M.	Bayreuth	1.1.74 Pfändhausen (U.Fr.)	k	96
Kraus Franz, G.L.	Straubing	4.8.71 Cham	k	94
Dr. Kraus Friedrich, G.Pr.	Passau	14.3.58 Straubing	k	81
P. Kraus Gelasius, O.S.A., G.L.	Münnerstadt	11.9.70 Opferbaum (U.Fr.)	k	01
Kraus Philipp, Rektor.	Pirmasens	28.7.61 Kitzingen	pr	83
Kraufs Eugen, Rektor.	Uffenheim	8.12.39 Thalmannsfeld (M.F.)	pr	69
Kraufs Ludwig, K.R.	Nürnberg A.	2.2.44 Ansbach	pr	65
Krehbiel Heinrich, G.Pr., M.	Lohr	13.8.62 Ramsen (Pf.)	men	86
Krehbiel Heinrich, G.L.	Edenkoben	5.3.61 Langmeil (Pf.)	men	85
Krehbiel Wilhelm, G.A.	Landau	27.11.79 Weierhof	men	01*
Krell Emil, G.Pr.	Neuburg	30.10.66 Schweinfurt	pr	89
Krenzer Oskar, G.Pr.	Bamberg N.	25.11.57 Orb (Preufsen)	k	80
Kreppel Friedrich, G.L.	Kaiserslautern	10.9.70 Taschendorf (M.Fr.)	pr	92
Kreutmeier Silvester, G.A.	Wunsiedel	18.12.75 Asbach (O.B.)	k	00

Erste Anstellung als					Besondere Bemerkungen
Gymnasiallehrer (Studienlehrer) (Reallehrer)		Gymnasialprofessor oder Rektor e. Progymn.		Konrektor (Studienrat)	Gymnasial- rektor	
wann?	wo?	wann?	wo?	wann? wo?	wann? wo?	
24.2.74	Grünstadt	21.8.94 Kaiserslautern	—	—	—	LR.
1.1.02	Wunsiedel	—	—	—	—	
1.7.98	Grünstadt	—	—	—	—	
16.10.90	Aschaffenbg.	1.1.99 Aschaffenburg	—	—	—	
1.4.94	Hof R.	—	—	—	—	
—		—	—	—	—	
1.10.62	Aschaffenbg.	1.11.72 Würzburg	—	—	10.9.79 Neuburg	M 4.
1.7.94	Würzburg N.	1.4.04 Nürnberg R.	—	—	—	
1.5.71	Wunsiedel R.	16.10.86 Ansbach	—	—	—	
1.6.92	München M.	1.4.02 Regensburg A.	—	—	—	
16.11.95	Kirchheimbol.	—	—	—	—	
16.10.66	Frankenthal	1.10.80 Frankenthal	—	—	—	
		1.1.94 Regensburg N.	—	—	—	
15.9.79	Kulmbach	1.7.94 Augsburg A.	—	—	—	Zugl. Lehrer d. hebr. Sprache.
1.8.86	Bayreuth	1.4.96 Regensburg A.	—	—	—	
—		10.3.85 München M.	—	—	—	Päpstl. Prälat, K. g. Rat, Hofstiftskanon. bei St. Kajetan, M. 3; G.Max.Med.;Komth. d. O. Isab. d. Kath.
1.9.95	Traunstein	—	—	—	—	
16.9.82	Nürnberg	1.7.94 Nürnberg A.	—	—	—	
—		—	—	—	—	
1.9.03	Dillingen	—	—	—	—	
1.9.04	Ansbach	—	—	—	—	Lt. d. R.
1.10.04	Homburg	—	—	—	—	
1.7.00	Nürnberg A.	1.1.04 Nürnberg A.	—	—	—	
—		15.1.03 Kaiserslautern	—	—	—	
1.1.99	Bayreuth	—	—	—	—	
1.11.99	Straubing	—	—	—	—	
1.5.88	Passau	15.5.98 Passau	—	—	—	
1.3.99	Münnerstadt	—	—	—	—	Gepr. Lehr. f. Natur- kunde.
15.5.91	Kusel	1.4.02 Pirmasens	—	—	—	
1.11.69	Uffenheim	1.1.95 Uffenheim	—	—	—	
9.2.67	Kusel	1.10.83 Neustadt a.H.	1.9.04 Nürn- berg A.	—	—	
1.4.94	Pirmasens R.	1.9.03 Lohr	—	—	—	
1.4.94	Edenkoben	—	—	—	—	
—		—	—	—	—	
1.10.94	Augsburg A.	1.9.04 Neuburg	—	—	—	OR.
1.9.87	Eichstätt	1.4.98 Schweinfurt	—	—	—	
16.9.97	Kaiserslautern	—	—	—	—	

Namen der Lehrer a) Geschlechtsname, b) Vorname, c) Stellung, d) Bezeichnung des Faches für die Fachlehrer	Anstalt, an welcher gegenwärtig tätig	Geboren wann? wo?	Konfession	Jahr des Hauptkonkurs. 2.Prüfungsab chn.
Kreutzer Karl, G.A.	Miltenberg	22.3.72 Kleinrinderfeld (U.Fr.)	k	99
Kreuzeder Adolf, G.A.	Kaiserslautern	26.9.74 Dachau	k	00
Kroder Karl, G.L.	Hof	4.9.71 Kulmbach	pr	93
Kroher Michael, G.L.	Erlangen	15.3.72 St. Johannis (O.Fr.)	pr	95
Dr. Kronseder Otto, G.Pr.	München Ld.	24.1.62 Nittenau (O.Pf.)	k	84
Krück Michael, G.R., O.St.R., Real.	Würzburg R.	12.8.42 Laumersheim (Pf.)	pr	67
Dr. Kuchtner Karl, G.L.	München W.	23.6.73 München	k	96
Kübel Heinrich, G.L.	Speyer	2.12.74 Neustadt a. A.	pr	97*
Dr. Kübler August, G.L., N.	Münnerstadt	23.6.63 München	k	91
Küffner Wolfgang, G.Pr., M.	Zweibrücken	5.3.55 Großengsee (O.F.)	pr	78
Künneth Christian, G.Pr.	Erlangen	1.10.60 Hof	pr	82
Künneth Heinrich, G.Pr., M.	Regensbg. N.	13.8.62 Hof	pr	84
Kürschner Andreas, G.L., M.	Traunstein	20.8.75 Staffelstein (O Fr.)	k	00
Dr. Küspert Oskar, G.A.	Hof	22.5.78	pr	01
Kuisel Cölestin, G.L.	Burghausen	26.10.56 Landsberg	k	84
Kullmann Johannes, Pr., G.Pr., R.	Aschaffenbg.	20.11.40 Schweinheim (U.Fr)	k	—
Kumpfmüller Franz, G.Pr., M.	Passau	14.1.56 Kötzting	k	79
Kustermann Georg, G.L.	München Th.	2.7.64 München	k	87
Lämmermeyer Karl, Pr., G.Pr., R.	Neuburg	4.2.51 Augsburg	k	—
Lagally Max, G.Pr., M.	Regensbg. A.	15.5.52 München	k	76
Laible Heinrich, G.L.	Rothenburg o. T.	23.1.52 Nördlingen	pr	75
Lama Ritter von Karl, G.L.	Weißenburg i. B.	13.2.75 Traunstein	k	99
Lamprecht Heinrich, G.L.	Regensbg. N.	4.6.63 Seefeld (O.B.)	k	85
Landgraf Ernst, G.Pr.	München K.K.	1.2.61 Speyer	k	84
Dr. Landgraf Gustav, G.Pr.	München W.	20.1.57 Lichtenfels	pr	77
Lang Alfred, G.A.	Augsburg R.	31.8.80 Amberg	pr	02
Lang Ernst, G.L.	Traunstein	7.1.57 Metten	k	81
Lang Otto, K.R.	Freising	5.9.52 München	k	75
Lang Theodor, G.A.	Augsburg A.	5.2.78 Landau (Pf.)	pr	00
Lanzinger Friedrich, G.Pr.	München W.	24.11.54 Freising	k	79
Dr. Lau Alois, G.A.	Lohr a. M.	6.5.76 Wigratzbad	k	00
Lauerer Jakob, G.A., M.	Homburg	13.1.76 Kronwinkl (N.B.)	k	02
Laumer Karl, G.Pr.	Burghausen	16.6.57 Eichstätt	k	82
Lebon Jakob, Pr., G.Pr., R.	Speyer	11.8.60 Kirrberg (Pf.)	k	—
Lechner Ferdinand, G.A.	Dürkheim	22.11.77 Prien	k	01
Lederer Christoph, G.Pr.	Augsburg R.	9.12.63 Arzberg (O.Fr.)	pr	85
Lederer Friedrich, G.Pr.	Straubing	27.5.63 Arzberg (O.Fr.)	pr	87
Lederer Johann Friedrich, G.L.	Bayreuth	21.10.63 Friedberg (O.B.)	pr	89

— 53 —

Erste Anstellung als				Besondere Bemerkungen
Gymnasiallehrer (Studienlehrer) (Reallehrer) wann? wo?	Gymnasialprofessor oder Rektor e. Progymn. wann? wo?	Konrektor (Studienrat) wann? wo?	Gymnasialrektor wann? wo?	
—	—	—	—	
1.9.99 Bergzabern	—	—	—	OL II, Inh. d. LD II.
1.7.00 Dinkelsbühl	—	—	—	LR.
29.3.92 München K.K.	1.9.01 Ingolstadt	—	—	LD I.
1.10.69 Landau	1.10.72 Nürnberg R.	—	16.9.78 Würzbg.	Mitgl. d. Ob. Schulr., M 1.
1.7.00 München W.	—	—	—	
1.9.01 Speyer		—	—	LR.
1.9.95 Kaufbeuren R.	—	—	—	
1.1.83 Zweibrücken	1.7.96 Zweibrücken	—	—	
16.5.88 Neustadt a. H.	1.7.98 Erlangen	—	—	
1.4.94 Kitzingen	16.8.02 Regensbg. N.	—	—	OL a. D., LD II.
15.11.04 Traunstein	—	—	—	LR.
1.11.92 Günzburg	—	—	—	Zugl. Lehr. d. Sten.
—	1.5.74 Aschaffenbg.	—	—	K. geistl. Rat.
1.1.86 Passau	1.7.98 Passau	—	—	
1.7.94 Burghausen	—	—	—	
—	1.4.91 Neuburg	—	—	
15.12.79 Neuburg R.	1.9.96 Regensburg A.	—	—	
29.11.77 Grünstadt	—	—	—	
1.9.04 Weißenburg	—	—	—	
16.6.93 Dinkelsbühl	—	—	—	
16.10.92 Ludwigshafen	16.8.02 München K.K.	—	—	
16.4.81 Schweinfurt	1.7.94 München W.	—	—	
—	—	—	—	
1.7.90 Grünstadt	—	—	—	
15.10.76 Kirchheimbol.	1.1.92 Neustadt a. H.	1.9.04 Freisg.	—	
—	—	—	—	LR.
25.9.85 Würzburg	1.7.96 München W.	—	—	M 4.
—	—	—	—	
1.7.91 Burghausen	1.3.02 Burghausen	—	—	Seminardirektor.
—	1.6.91 Speyer	—	—	Zugl. Fachlehrer für Hebräisch.
16.4.94 Hof	1.9.02 Augsburg R.	—	—	
1.7.94 Schwabach	1.9.02 Straubing	—	—	
1.9.94 Bayreuth		—	—	

Namen der Lehrer a) Geschlechtsname, b) Vorname, c) Stellung, d) Bezeichnung des Faches für die Fachlehrer	Anstalt, an welcher gegenwärtig tätig	Geboren wann?	wo?	Konfession	Jahr des Hauptkonkurs, 2. Prüfungsabschn.
Ledermann Georg, G.L.	Eichstätt	18.6.73	Kaufbeuren	k	97
Lehenbauer Karl, G.L.	St. Ingbert	3.11.75	Landshut	k	98
Leicht Friedrich, G.L.	Zweibrücken	13.2.58	Erlangen	pr	81
Dr. Leidig Julius, G.L.	Erlangen	21.9.76	Schwabach	pr	99
Leiling Franz Joseph, G.Pr.	Bergzabern	4.3.46	Rödersheim (Pf.)	k	72
Dr. Leipold Heinrich, G.Pr.	Regensbg. N.	28.10.56	Zillendorf (O.Pf.)	k	82
Dr. Lell Franz, G.Pr.	Würzburg A.	22.6.59	Weckbach (U.Fr.)	k	82
Lembert Raimund, G.L.	Augsburg R.	18.2.74	Augsburg	pr	98*
Lengauer Joseph, K.R., M.	Würzburg A.	28.9.51	Riedering (O.B.)	k	75
Dr. Lermann Wilhelm, G.L.	München M.	6.4.74	Kaiserslautern	k	98*
Lichti Gustav, St.L.	Winnweiler	20.5.68	Dürkheim	pr	95*
Dr. Lieberich Heinrich, G.Pr.	Neustadt a.H.	6.2.64	Grünstadt (Pf.)	pr	86
Liebl Hans, G.Pr.	Passau	24.6.50	Hofkirchen (N.B.)	k	73
Liedl Albert, G.L.	Edenkoben	16.3.69	Edenkoben	k	94
Dr. Lindauer Joseph, G.Pr.	Freising	2.6.58	Regensburg	k	83
P. Linderbauer Benno, O.S.B., G.Pr.	Metten	13.12.63	München	k	86
Dr. Lindmeyr Bernhard, G.L.	München M.	11.1.68	Berg am Laim	k	93
Dr. Lindner Gerhard, G.A., M.	Passau	22.12.78	Holzhausen (U.Fr.)	pr	02
Link August, G.A.	Würzburg N.	23.8.72	Kirchzell (U.Fr.)	k	99
Dr. Link Theodor, G.Pr., N.	Regensbg. A.	21.11.57	Amorbach	k	80
Lirk Joseph, G.L.	Regensbg. A.	14.11.63	Rotthalmünster	k	89
Littig Eduard, G.L.	Frankenthal	5.10.66	Landau (Pf.)	k	90
Dr. Littig Friedrich, G.Pr.	München M.	29.3.62	Landau (Pf.)	k	84
Dr. Lochmüller Joh. Bapt., G.L.	Germersheim	11.11.70	Kottingwörth (O.Pf.)	k	99
Lochner Georg Hugo, G.L.	Passau	9.4.65	Ottneuses (U.Fr.)	k	88
Dr. Löhr Beda, Pr., G.Pr., R.	Würzburg A.	8.4.53	Fechenbach (U.Fr.)	k	—
Loesch Karl, G.R.	Kaiserslautern	11.3.53	Abtswind (U.Fr.)	pr	75
Loesch Leonhard, G.A.	München Lp.	16.11.75	Nürnberg	pr	01
Lötz Fritz, G.A., M.	Augsburg St.	4.7.76	Ingolstadt	k	01
Dr. Loewe Hans, G.A.	München W.	4.5.79	München	pr	02
Lohmann Julius, G.Pr., R.	München Th.	21.1.69	Bertholdsdorf (M.Fr.)	pr	—
Lommer Alois, G.Pr.	Straubing	6.3.60	Waldmünchen	k	84
Lommer Franz Xaver, G.Pr.	Amberg	6.1.54	Waldmünchen (O.Pf.)	k	77
Dr. Losgar Georg, G.L.	München Lp.	3.6.73	Burgwindheim (O.Fr.)	k	96
Loy Joseph, G.A.	München W.	29.11.73	Oder (O.Pf.)	k	02
Lüst Hermann, G.L., N.	Passau	19.3.60	Waldmünchen	k	83
Dr. Lurz Georg, G.L.	München Lp.	24.3.73	Sylbach (U.Fr.)	k	96
Dr. Lutz Leonhard, G.Pr.	Würzburg N.	22.5.56	Würzburg	k	78
Maerkel Johann, G.Pr.	München Lp.	8.3.61	Aschaffenburg	k	84
Mager Hermann, G.L.	Rosenheim	30.5.72	Heidingsfeld (U.Fr.)	k	97
Mann Ewald, G.Pr.	Ludwigshafen	29.10.61	Frauenfeld (Schweiz)	pr	85

Erste Anstellung als				Besondere Bemerkungen
Gymnasiallehrer (Studienlehrer) (Reallehrer) wann? wo?	Gymnasialprofessor oder Rektor e. Progymn. wann? wo?	Konrektor (Studienrat) wann? wo?	Gymnasialrektor wann? wo?	
1.8.01 Eichstätt	—	—	—	
1.4.03 St. Ingbert	—	—	—	
1.5.88 Zweibrücken	—	—	—	
1.10.03 Erlangen	—	—	—	
20.4.73 Bergzabern	17.12.02 Bergzabern	—	—	
16.8.88 Passau	1.9.98 Burghausen	—	—	
1.5.88 Regensbg. N.	1.7.98 Amberg	—	—	
1.9.03 Uffenheim	—	—	—	LR.
16.1.77 Bayreuth R.	16.10.90 Würzbg. A.	1.9.04 Würzburg A.	—	
1.9.02 München	—	—	—	
1.9.03 Winnweiler	—	—	—	
1.7.92 Speyer	1.4.02 Neustadt a. H.	—	—	
1.10.75 Günzburg	20.11.88 Burghausen	—	—	
1.9.00 Winnweiler	—	—	—	
1.7.90 Burghausen	1.9.99 Ingolstadt	—	—	
87 Metten	—	—	—	
1.9.98 Eichstätt	—	—	—	
—	—	—	—	
—	—	—	—	
1.1.85 München R.L.	1.7.98 Bayreuth	—	—	
1.9.95 Dinkelsbühl	—	—	—	
1.1.96 Grünstadt	—	—	—	
1.1.92 Erlangen	10.10.00 Regensbg.	—	—	
1.9.04 Germersheim	—	—	—	
1.3.94 Münnerstadt	—	—	—	
—	16.9.86 Würzburg A.	—	—	Zugl. Lehrer d. Hebr.
16.9.77 Fürth	1.7.92 Nürnberg A.	—	1.9.02 Kaiserslautern	OberLt. a. D. LD II.
—	—	—	—	
—	—	—	—	
—	1.9.00 München Th.	—	—	
1.7.92 Bamberg N.	1.9.00 Straubing	—	—	
16.9.81 Amberg	1.7.94 Amberg	—	—	
1.4.01 Neuburg	—	—	—	LR.
—	—	—	—	
1.6.90 Münnerstadt	—	—	—	
1.7.00 Kaiserslautern	—	—	—	AM.
15.6.84 Neustadt a.H.	1.1.95 Würzburg N.	—	—	Zugl. Lehrer f. Naturk. HL. a. D. LD I.
1.7.92 München Ld.	1.9.00 Ingolstadt	—	—	OL I.
1.9.01 Rosenheim	—	—	—	
1.7.92 Kaiserslautern	1.9.01 Ludwigshafen	—	—	HR.

Namen der Lehrer a) Geschlechtsname, b) Vorname, c) Stellung, d) Bezeichnung des Faches für die Fachlehrer	Anstalt, an welcher gegenwärtig tätig	Geboren wann?	wo?	Konfession	Jahr der Hauptkonkurs- / Prüfungsabwohn.
Mann Philipp Adolf, G.L., M.	Kirchheimboldn.	19.10.73	Apostelmühle	meth	97
Frhr. v. Mantey-Dittmer A., G.Pr., M.	Kempten	25.4.49	Nürnberg	pr	71
P. Marchl Paul, O.S.B., G.Pr.	Metten	15.7.59	Lam (N.B.)	k	87
Marquard Matthäus, Pr., G.Pr., R.	Kempten	26.3.57	Markt-Zeuln (O.Fr.)	k	—
Dr. Martin Johannes, G.Pr., N.	Erlangen	15.1.59	Billigheim (Pf.)	pr	84
Martin Johann, G.L.	Weiden	9.2.67	Asbach (Schw.)	k	95
Dr. Martin Max, G.Pr., R.	Nürnberg R.	26.6.70	Nürnberg	pr	—
Dr. Martin Stephan, G.Pr.	Würzburg R.	9.5.59	Eyershausen (U.Fr.)	k	83
Marx August, S.R.	Landstuhl	29.8.49	Kaiserslautern	k	73
Matz Martin, G.L.	Ludwigshafen	19.7.64	Berghausen (Pf.)	k	88
Dr. Matzinger Sebastian, G.Pr.	Passau	22.11.65	Matzing (N.B.)	k	88
Maunz Joseph, G.L.	Weiden	15.1.70	Saltendorf (O.Pf.)	k	94
Dr. Maurer Georg, G.L.	München Ld.	20.4.65	München (N.B.)	k	89
Maurer Georg, Pr., G.-Pr., R.	Rosenheim	30.1.60	Praechting (O.Fr.)	k	—
Maurus Peter, G.A., N.	München R.	24.10.76	Waldkirchen (N.B.)	k	00
May Andreas, G.Pr.	Germersheim	24.8.55	Mainberg (U.Fr.)	k	79
Mayer Alfons, G.Pr., St.R., N.	München Ld.	12.9.47	Schlettstadt	k	70
Mayer Alois, Pr., G.Pr., R.	Freising	13.2.60	Erding	k	—
Mayer Frz. Xaver, Pr., G.Pr., R.	Dillingen	26.8.65	Trunkelsberg (Schw.)	k	—
Mayer Friedrich, G.R.	Nürnberg N.	10.3.51	Bayreuth	pr	72
Dr. Mayerhöfer Anton, G.Pr.	München Th.	14.7.50	Falkenberg (O.Pf.)	k	75
Dr. Mayr Albert, G.L.	München Ld.	26.9.68	Passau	k	90
Dr. Mayrhofer Gottfried, G.Pr., M.	München M.	2.11.53	Bissingen (Schw.)	k	77
Dr. Mederle Karl, G.L.	Lohr	23.2.73	Hafenreuth (Schw.)	k	99
Meidinger Hans, G.L.	Donauwörth	22.4.71	Offingen	k	94
Meier August, G.L.	Traunstein	27.11.75	Amberg	k	98
Meindlschmied Johann, G.A.	Lindau	17.9.76	Waldsassen (O.Pf.)	k	01
Meinel Friedrich, G.Pr., M.	Schweinfurt	30.8.56	Hof	pr	79
Meinel Georg, G.Pr., St.R.	Kempten	11.2.47	Hof	pr	68
Meinel Karl, G.Pr., M.	Fürth	10.8.53	Hof	pr	74
Meinel Rudolf, G.L.	Memmingen	4.8.76	Memmingen	pr	98
Dr. Meiser Oskar, G.A.	München M.	3.7.77	München	k	00
Meiser Wilhelm, G.L., M.	Neustadt a. A.	27.2.61	Nürnberg	k	87
Meixner Hans, G.A.	Frankenthal	14.11.78	Presseck (O.Fr.)	k	02
Dr. Melber Johann, G.Pr.	München J M.	1.4.59	Bamberg	k	82
Dr. Menrad Joseph, G.Pr.	München Th.	22.3.61	Obersendling	k	84
Merlack Max, G.L., Z.	Bamberg A.	25.2.62	Klagenfurt	k	84
Merz Ludwig, G.A.	Pirmasens	4.5.75	Frankfurt a. M.	k	00
Metzner Joseph, G.L.	Passau	15.10.70	Bamberg	k	93
Meyer Heinrich, G.L.	Dürkheim	15.2.51	Windsheim	pr	76
Meyer Konrad, G.A.	Würzburg A.	20.6.75	Schweinfurt	pr	01

— 57 —

Erste Anstellung als				Besondere Bemerkungen
Gymnasiallehrer (Studienlehrer) (Reallehrer) wann? wo?	Gymnasialprofessor oder Rektor e. Progymn. wann? wo?	Konrektor (Studienrat) wann? wo?	Gymnasialrektor wann? wo?	
1.1.00 Kirchheimbldn. 1.4.74 München M. 87 Metten	— 1.1.85 Kempten — 1.12.97 Kempten	— — —	— — —	
1.6.90 Erlangen 1.9.01 Weiden — 16.11.88 Speyer	1.7.00 Erlangen — 15.9.02 Nürnberg R. 1.1.99 Neustadt a. H.	— — — —	— — — —	Gepr. Turnlehrer
1.1.77 Landstuhl 1.9.95 Germersheim 16.2.93 Münnerstadt 1.1.01 Germersheim	1.1.77 Landstuhl — 15.4.03 Passau —	— — — —	— — — —	Gepr. Lehrer f. Stenographie.
1.5.95 Neustadt a. H. — — 1.5.88 Winnweiler	— 1.1.00 Rosenheim — 1.1.04 Germersheim	— — — —	— — — —	
1.1.74 Dinkelsbühl R. — — 1.2.75 Ansbach	16.5.88 München Ld. 1.2.90 Freising 15.10.96 Dillingen 1.9.87 Schweinfurt	1.9.04 — — —	— — — 1.11.99 Zweibrücken	
1.12.79 Bamberg 1.7.96 Regensbg. N. 16.12.79 Neustadt a. H. 1.4.04 Lohr	1.7.92 Würzburg N. — 16.4.97 Rosenheim —	— — — —	— — — —	Zugl. Lehrer f. Stenographie.
1.12.00 Donauwörth 1.9.03 Traunstein — 1.8.86 Neumarkt (O.Pf.)	— — — 1.7.98 Schweinfurt	— — — —	— — — —	LR.
15.3.71 Memmingen 1.12.75 Fürth 1.4.02 Memmingen —	1.9.85 Kempten 1.9.97 Fürth — —	1.1.05 Kempten — — —	— — — —	
1.9.94 Neustadt a. A. — 1.10.87 Regensbg. N. 1.8.90 Burghausen	— — 1.9.96 München M. 1.4.01 Eichstätt	— — — —	— — — —	Seit Okt. 1893 Redakteur d. Vereinszeitschrift u. Mitgl. d. Vereinsausschusses.
1.7.00 Bamberg	—	—	—	
1.4.99 Passau 1.3.80 Winnweiler	— —	— —	— —	Zugl. Turnlehrer.

Namen der Lehrer a) Geschlechtsname, b) Vorname, c) Stellung, d) Bezeichnung des Faches für die Fachlehrer	Anstalt, an welcher gegenwärtig tätig	Geboren wann? wo?	Konfession	Jahr des Hauptkurs. / 2. Prüfungsabschn.
Meyer Michael, Rektor.	Windsheim	19.8.48 Albersweiler (Pf.)	k	75
Meyer Paul, G.Pr.	Hof	28.2.57 Schnaittach (M.Fr.)	pr	78
Meyer Wilhelm, Rektor	Schwabach	10.1.58 München	pr	81
Mezger Hans, G.Pr., R.	München M.	24.6.45 Augsburg	pr	—
Michal Karl, G.Pr.	Nürnberg N.	6.4.56 Schweinfurt	pr	78
Michel Friedrich, G.L., Z.	Straubing	20.11.58 Weilerbach (Pf.)	pr	82
Dr. Middendorff Heinrich, G.L., N.	Würzburg R.	7.7.64 Langen (Hannov.)	pr	90
Dr. Miedel Julius, G.L.	Memmingen	5.8.63 Weißenburg i. B.	pr	85
Miller Max, G.R.	Rosenheim	27.12.40 Bärnau	k	66
Dr. Modlmayr Hans, G.Pr., N.	Würzburg N.	24.6.57 Giggenhausen (O.B.)	k	81
Dr. Möller Gg. Hermann, G.Pr., N.	Schweinfurt	22.12.43 Veckerhagen a. Wes.	pr	78
Monninger Paul, Rektor.	Dinkelsbühl	12.8.37 Nördlingen	pr	61
Mordstein Friedrich, G.L.	Kusel	26.8.73 Neukirchen (Schw.)	k	98
Morhard Michael, G.A.	Ludwigshafen	25.9.74 Aschaffenburg	k	99
Morhart Heinr. Sig. M., G.A., Real.	Nürnberg R.	12.6.71 Donauwörth	k	00
Morin Heinrich, G.L., Z.	München Lp.	20.2.60 Landshut	ak	82
Moritz Heinrich, G.L.	München W.	28.12.67 Friedberg (O.B.)	k	90
Morsheuser Hans, G.L.	Kirchheimbol.	21.6.66 Neustadt a. S.	k	90
Mosl Johann Nep., G.Pr.	Landshut	11.2.55 Waldmünchen	k	77
Dr. Motschmann Wilhelm, G.A.	München Ld.	11.12.79 Ansbach	pr	02
Mühl Albert, G.Pr.	Aschaffenbg.	12.9.61 Freising	k	84
Dr. Müller Andreas, K.R., M.	Landshut	10.6.45 Teuschnitz (O.Fr.)	k	73
Müller Eduard, Pr., G.Pr., R.	Lohr	15.10.64 Kleinmünster (U.Fr.)	k	—
Müller Engelbert, G.A.	Lohr	17.1.76 Weichtungen (U.Fr.)	k	99
Dr. Müller Friedrich, G.A., M.	Aschaffenbg.	19.4.79 Brückenau	k	02
Müller Heinrich, G.A.	Nürnberg R.	1.1.78 Bamberg	k	02
Müller Jakob, O.St.R., G.R.	Neustadt a. H.	22.1.39 Frankenthal	pr	64
Müller Johannes, G.Pr., Real.	Nürnberg R.	26.12.56 Hersbruck	pr	78
Müller Karl, G.Pr.	Landau	4.11.51 Landau	k	76
Müller Otto, S.L.	Winnweiler	6.4.76 Gimmeldingen (Pf.)	pr	98
Mußgnug Ludwig, G.L.	Nördlingen	9.5.60 Regensburg	pr	85
Dr. Nachreiner Vinzenz, G.Pr., M.	Neustadt a. H.	28.6.49 Starnberg	pr	72
Naegelsbach Karl, G.Pr., R.	Bayreuth	5.1.37 Nürnberg	pr	—
Nägle Franz, G.L., Z.[1]	Erlangen	5.12.59 Albersweiler (Pf.)	pr	81
Needer August, G.Pr.	Rosenheim	2.2.52 München	k	75
Dr. Neff Karl, G.Pr.	München W.	16.8.58 Bayreuth	pr	83
Neidhardt Theodor, G.Pr.	Fürth	25.7.55 Töpen (O.Fr.)	pr	78
Nett Max, G.L.	Würzburg N.	27.8.72 Amberg	k	96
P. Neubauer Anselm, O.S.B., S.R.	Scheyern	28.3.65 Aiglsham	k	—

Erste Anstellung als				Besondere Bemerkungen
Gymnasiallehrer (Studienlehrer) (Reallehrer) wann? wo?	Gymnasialprofessor oder Rektor e. Progymn. wann? wo?	Konrektor (Studienrat) wann? wo?	Gymnasialrektor wann? wo?	
15.2.78 Windsheim	1.9.94 Windsheim	—	—	Denkm. 70/71. KWEM.
16.7.84 Bayreuth	1.9.94 Hof	—	—	Zugl. Lehr. f. Stenogr.
1.8.88 Schwabach	16.4.03 Nürnberg A.	—	—	
—	1.9.80 München M.	—	—	K. Kirchenr., Denkmünze 70/71 f. N.K., KWEM.
1.9.85 Zweibrücken	1.1.95 Nürnberg N.	—	—	
1.10.98 Straubing	—	—	—	
1.1.95 Erlangen R.	—	—	—	
16.3.92 Memmingen	—	—	—	
1.10.71 Eichstätt	1.8.86 Speyer	—	1.9.96 Rosenheim	M 4.
15.9.86 Würzburg	1.7.98 Würzburg N.	—	—	
16.11.80 Neu-Ulm R.	1.7.98 Neu-Ulm R.	—	—	
1.1.64 Dinkelsbühl	6.7.95 Dinkelsbühl	—	—	
1.10.02 Kusel	—	—	—	
—	—	—	—	
1.7.00 München Lp.	—	—	—	Zugl. Lehr. f. Naturk.
1.9.95 Landshut	—	—	—	Zugl. Lehr. f. Stenogr.
1.7.96 Kirchheimboland.	—	—	—	
10.12.79 Kulmbach	1.7.94 Landshut	—	—	
—	—	—	—	
19.11.91 Neuburg	1.4.01 Aschaffenbg.	—	—	
1.5.75 Neumarkt R.	1.10.89 Eichstätt	1.9.04 Landshut	—	Kreisscholarch.
—	1.9.04 Lohr a. M.	—	—	
—	—	—	—	
—	—	—	—	
9.1.66 Frankenthal	1.10.80 Neustadt a.H.	—	1.10.80 Neustadt	M. 4.
1.12.83 Zweibrücken	1.7.98 Augsburg R.	—	—	
10.11.82 Kirchheimbol.	1.7.00 Landau	—	—	
1.10.03 Winnweiler	—	—	—	
1.9.94 Windsheim	—	—	—	
1.10.74 Landau (Pf.)	1.1.85 Neustadt a. H.	—	—	K. prot. Kirchenrat, Lehr. d. hebr. Spr.
—	1.11.61 Bayreuth	—	—	¹) Univ.-Zeichenlehr.
1.5.96 Erlangen	—	—	—	
1.10.80 Rosenheim	1.1.01 Rosenheim	—	—	
16.12.90 Kaiserslaut.	1.9.00 Neuburg a. D.	—	—	
1.2.83 Fürth	1.9.98 Fürth	—	—	
1.9.01 Edenkoben	—	—	—	Zugl. Dir. d. Sem. u. Lehr. d. Stenogr.
2.6.96 Scheyern	—	—	—	

Namen der Lehrer a) Geschlechtsname, b) Vorname, c) Stellung, d) Bezeichnung des Faches für die Fachlehrer	Anstalt, an welcher gegenwärtig tätig	Geboren wann? wo?	Konfession	Jahr des Hauptkonkurs. 2. Prüfungsabschn.
Dr. Neudecker Georg, G.Pr.	Würzburg R.	7.6.50 Altdorf (N.B.)	k	72
Neumaier Hans, G.Pr., N.	Neuburg	9.5.57 Pötzmes (N.B.)	k	83
Neumaier Hans, A.	Hammelburg	9.2.74 Würzburg	k	99
Neugschwender Albert, G.L., M.	Lohr	28.3.75 Berching (O.Pf.)	k	99
Nicklas Johannes, G.R.	München Th.	4.6.51 Bayreuth	pr	73
Nieberle Joseph, G.L.	Landshut	7.4.60 Neuburg a. D.	k	86
Niederbauer Peter, Pr., G.A.	München Ld.	9.5.67 Mörmoosle (O B.)	k	02
Niedling Anton, G.Pr., Z.	Augsburg R.	5.7.42 Gersfeld (Rhön)	k	67
Nirmaier Eduard, G.L.	Würzburg N.	26.10.65 Maudach (Pf.)	k	89
Nifsl Theodor, G.A., M.	Kaiserslautern	21.1.78 Freising	k	02
Noder Julius, G.Pr.	Kempten	26.4.56 München	k	80
Nüchterlein Max, G.A.	Kaiserslautern	28.1.80 Fürth	pr	02
Nüzel Friedrich, G.A.	Eichstätt	19.11.78 Kadolzburg	pr	02
Nusch August, G.Pr., St.R.	Speyer	28.7.37 Speyer	pr	61
Dr. Nusselt Ernst, G.L.	Hersbruck	17.8.75 Nürnberg	pr	97
Dr. Nusser Johann, G.Pr.	Würzburg N.	14.1.54 Wonfurt (U.Fr.)	k	77
Obermaier Anton, St.R., G.Pr.	Regensbg. A.	11.3.40 Selingstadt (M.Fr.)	k	64
Obermeier Joseph, St.R., G.Pr.	München Th.	27.4.49 Deggendorf	k	73
Dr. Ockel Hans, G.L.	Augsburg R.	20.3.73 Feldafing (O.B.)	pr	98
Dr. Oechsner Timoth., Pr., G.Pr., R.	Würzburg N.	23.8.49 Helmstadt (U.Fr.)	k	
Dr. Oertel Hans, G.Pr.	Kaiserslautern	31.10.52 Bruckberg (M.Fr.)	pr	77
Dr. Oertel Heinrich, G.L.	Nürnberg R.	7.11.65 Nürnberg	pr	99
Dr. Offner Max, G.Pr.	Ingolstadt	23.12.64 Augsburg		87
Dr. Ohlenschlager Friedrich, G.R.	München Ld.	2.8.40 Niedernberg (U.Fr.)		64
Ohly Christian Adolf, St.L.	Lindau	16.6.74 Dernbach (Hess.-N.)	k	99
Orgeldinger August, Pr., G.Pr., R.	Nürnbg. A. u. N.	2.9.66 Wörth a. M.		—
Dr. Orterer Georg, Ritter von, O.St.R., G.R.[1])	München Lp.	30.10.49 Wörth (O.B.)	k	73
Dr. Ortner Heinrich, G.Pr.	Regensbg. A.	9.4.57 München	k	79
Osberger Georg, K.R.	Bayreuth	14.12.49 Fürth	pr	73
Osberger Wilhelm, R.L. f. Lat.	Kulmbach R.	25.2.72 Regensburg	pr	95
Osthelder Georg, St.R., G.Pr.	Neustadt a. H.	4.4.43 Speyer	k	64
Dr. Ott Philipp, G.Pr., N.	München R.	21.10.54 Bernbeuren (O.B.)	k	79
Pappit Adolf, G.Pr., M.	Regensbg. N.	23.1.53 Eichstätt	k	77
Dr. Patin Alois, G.R.	Regensbg. N.	18.2.55 Eichstätt	k	74
Paul Ludwig, G.A.	Nürnberg R.	22.7.77 Neustadt a. H.	pr	00
Paur Hermann, G.Pr.	Burghausen	11.9.61 Augsburg	k	84
P. Pellkofer Cölestin, O.S.B., G.L.	Metten	28.1.63 Deggendorf	k	90
Penkmayer Richard, G.Pr., M.	München Ld.	13.12.57 München	k	81
Petzi Franz, G.Pr., M.	Regensbg. A.	3.4.51 Höhenbrunn (N.B.)	k	78

Erste Anstellung als				Besondere Bemerkungen
Gymnasiallehrer (Studienlehrer) (Reallehrer) wann? wo?	Gymnasialprofessor oder Rektor e. Progymn. (Studienrat) wann? wo?	Konrektor wann? wo?	Gymnasial- rektor wann? wo?	
16.4.76 Landau (Pf.) 1.6.90 Dillingen —	1.7.92 Würzburg R. 1.9.02 Neuburg	— —	— —	
1.9.02 Kitzingen	—	—	—	
1.10.76 Erlangen 1.7.94 Günzburg	1.4.88 München M. —	— —	1.9.96 Münch.Th. —	Denkm.70/71,KWEM, M 4, K 83—88. Zugl. Lehr. f. Naturk.
1.12.67 Aschaffenbg.	16.10.92 Augsburg R.	—	—	
1.9.96 Winnweiler —	—	—	—	
16.9.86 Landshut —	16.8.02 Kempten	—	—	
23.1.63 Dürkheim 1.4.02 Hersbruck 16.9.82 Kaiserslaut.	10.10.76 Speyer — 1.6.94 Münnerstadt	1.9.04 Speyer — —	— — —	M 4.
1.10.70 Regensburg 1.4.75 Weißenbg.i.B. 1.9.02 Augsburg R. — 20.12.78 Kirchheimbol	16.7.84 Regensbg. A. 16.10.88 Amberg — 16.6.82 Würzburg 1.9.99 Kaiserslautern	1.9.04 Regensbg.A. 1.9.04 München Th. — — —	— — — — —	Inh. d. Armeedenkz. v. 66, Kustos d. K. Kreisbibliothek.
1.10.03 Nürnberg R. 1.7.92 Aschaffenburg 1.2.69 Eichstätt 1.1.05 Lindau —	15.9.02 Ingolstadt 1.9.78 Landshut — 16.1.01 Nürnberg	— — — —	— — 1.9.87 Speyer —	M 4, Dr. hon. caus., Mitgl. d. K. b. Akad. d. Wissensch., ord. Mitgl. d. K. Deutsch. Arch.Inst. u. dessen röm.-germ. Komm., Mitgl d. Reichs-Li- mes-Kommiss. ¹) Landtagsabg., Mit- glied d. Ob. Schulr., RVOBKr. etc.
1.10.75 Schweinfurt 1.6.86 Dillingen 9.11.74 Fürth 1.9.00 Kulmbach R. 4.6.66 Bergzabern 16.2.81 Neuburg R.	16.12.86 Freising 1.9.96 Straubing 1.5.91 Speyer — 15.9.82 Neustadta.H. 1.10.93 Landshut	— — 1.9.04 Bay- reuth 1.1.05 Neu- stadt a H.	16.9.92 Eichstätt — — — — —	
1.12.79 Wunsiedel R. 16.9.77 Hof	1.7.98 Wunsiedel R. 16.9.90 Neuburg a. D.	— —	— 1.9.00 Günzburg	OL a. D. LR a. D.
1.7.92 München Lp.	1.9.02 Burghausen	—	—	
90 Metten 1.6.90 Amberg 1.7.92 Regensburg A.	— 1.10.98 Ingolstadt 15.9.02 Regensbg. A.	— — —	— — —	

Namen der Lehrer a) Geschlechtsname, b) Vorname, c) Stellung, d) Bezeichnung des Faches für die Fachlehrer	Anstalt, an welcher gegenwärtig tätig	Geboren wann?	wo?	Konfession	Jahr des Hauptexamens/2. Prüfungsabschn.
Pfeiffer Friedr., G.L., M.	Frankenthal	8.9.75	Aschaffenburg	k	98
Pfirsch Hermann, G.Pr.	Bamberg N.	9.3.64	Schweinfurt	pr	86
Pfifsner Joseph, G.Pr.	Kaiserslaut.	30.8.46	Regensburg	ak	69
Pfleger Rudolf, G.Pr., R.	Zweibrücken	23.1.63	Erlenbach (Pf.)	pr	—
Pfluegl Franz X., G.R.	Eichstätt	24.5.48	Viechtach (N.B.)	k	72
Pfreimter Ernst, G.L.	Grünstadt	18.1.66	Tirschenreuth (O.Pf.)	k	90
Pfündl Wilhelm, G.L., N.	Zweibrücken	30.7.74	Regensburg	pr	98
Dr. Pichlmayr Franz, G.Pr.	München Th.	16.1.61	Vilshofen	k	82
Pickel Johannes, G.Pr.	Fürth	29.12.49	Nürnberg	pr	71
Piechler Ernst, G.Pr., M.	München Th.	19.1.55	Passau	k	79
Pietzsch Eduard, G.L.	Schweinfurt	17.11.69	Beyerberg (M.Fr.)	pr	94
Pilz Magnus, G.L.	Uffenheim	11.12.70	Breitenbrunn (Sachs.)	ap.k.	93
Dr. Pischinger Arnold, G.Pr.	Ingolstadt	16.3.68	Euerdorf (U.Fr.)	k	90
Piton Otto, G.A.	Schweinfurt	17.4.77	Mittelbrunn (Pfalz)	pr	00
Pleimes Wilhelm, G.L.	Speyer	30.12.70	Speyer	k	95
Plesch Julius, G.A.	Nürnberg R.	19.8.76	Gemünda (O.Fr.)	pr	99
Plochmann Friedrich, G.Pr.	Fürth	16.10.59	Langenzenn (M.Fr.)	pr	82
Pöhlmann Theobald, G.L.	Neustadt a. A.	26.6.70	Gefrees (O.Fr.)	pr	94
Pöllinger Michael, G.Pr.	Regensbg. A.	13.12.49	Regensburg	k	73
Pohlig Karl Theodor, St.R., G.Pr., Z.	Regensbg. N.	1.4.41	Nürnberg	pr	66
Poiger Rupert, Rektor.	Miltenberg	12.8.58	Ratiszell (N.B.)	k	82
Dr. Pongratz Fr. Xav., G.Pr.	Freising	23.7.63	Holztraubach (N.B.)	k	86
Pongratz Ludwig, G.L., M.	Hersbruck	10.11.76	München	k	00
P. Ponschab Bernh. Gg. OSB, G.L.	Metten	23.2.62	Ingolstadt	k	90
Dr. Popp Ernst, G.Pr.	Erlangen	15.12.52	Feilitzsch (O Fr.)	pr	75
Dr. Praun Hans, G.Pr.	München M.	24.11.60	Würzburg	k	81
Dr. Preger Theodor, G.Pr.	Ansbach	24.5.66	München	pr	87
Preis Willibald, G.Pr.	Bayreuth	3.6.55	Erlangen	pr	78
Prell Robert, G.A.	Nürnberg A.	4.9.77	Glaishammer (M.Fr.)	pr	01
Prestel Franz, G Pr.	Freising	1.5.54	Wiggensbach (Schw.)	k	79
Dr. Preufs Siegmund, G.R.	Fürth	30.6.54	Hain (O.Fr.)	pr	76
P. Prexel Hieronymus, OSB, G.L., R.	Augsburg St.	9.2.65	Oberhausen	k	—
Prielmann Pius, G.A., M.	München M.	30.4.74	Bidingen	k	02
Probst Hans, G.Pr.	Bamberg A.	2.3.61	Schwarzenmühle (M.Fr.)	pr	84
Probst Joseph, G.Pr.	Aschaffenbg.	27.11.58	Oberhausen (Schw.)	k	87
Dr. Purpus Wilhelm, G.L.	Nürnberg A.	4.3.69	Cleveland (Ohio)	pr	90
Dr. Raab Karl, G.Pr.	Regensbg. A.	18.10.65	Creufsen (O.Fr.)	pr	87
Raab Karl, G.Pr.	Schwabach	10.12.47	Bayreuth	pr	75
Raab Max, G.A.	Kitzingen	28.10.76	München	k	00
Dr. Radina August, G.A.	Nürnberg R.	11.6.77	Münnerstadt (U.Fr.)	k	00

Erste Anstellung als				Besondere Bemerkungen
Gymnasiallehrer (Studienlehrer) (Reallehrer) wann? wo?	Gymnasialprofessor oder Rektor e. Progymn. wann? wo?	Konrektor (Studienrat) wann? wo?	Gymnasialrektor wann? wo?	
1.1.01 Frankenthal 1.7.92 Speyer 1.10.73 Annweiler —	— 1.10.02 Neuburg a. D. 1.1.99 Kaiserslautern 1.1.02 Zweibrücken	— — — —	— — — —	Inh. d. Kriegsdenkm. 70/71 f. Kombatt. u. d. KWEM.
1.10.75 Hof 15.4.97 Grünstadt 15.11.04 Zweibrücken 1.5.88 Amberg	1.10.87 Eichstätt — — 1.9.98 Ingolstadt	— — — —	16.5.98 Dillingen — — —	M. 4.
18.12.72 Fürth 25.9.85 Regensbg. A. 1.9.99 Grünstadt 1.9.98 Uffenheim	1.1.01 Fürth 1.7.96 München Th. — —	— — — —	— — — —	Subrektor in Fürth v. 1.1.90—1.9.94 Gepr. Turnlehr. AM 85
1.1.95 Eichstätt — 1.9.00 Aschaffenburg —	1.5.04 Ingolstadt — — —	— — — —	— — — —	LR. LR.
1.5.88 Schweinfurt 16.10.99 Neustadt a.A. 1.10.76 Rothenburg 16.12.69 Dinkelsbühl	1.1.04 Fürth — 1.1.00 Regensburg A. 16.9.78 Speyer Real.	— — — 1.1.05 Regensbg. N.	— — — —	Inh. d. Kriegsdenkm. v. 70/71 f. Kombatt., L.D. II.
16.8.88 St. Ingbert 1.7.92 München Ld. 1.9.03 Hersbruck —	1.9.02 Miltenberg 1.9.02 Amberg — —	— — — —	— — — —	OL a. D., LD II *
10.10.76 Schwabach 10.10.87 Speyer 16.9.92 München 1.9.85 Bayreuth	16.9.90 Hof 1.9.97 Speyer 16.8.02 Ansbach 16.9.95 Bayreuth	— — — —	— — — —	R. d. ö. FJO., Mitgl. h c. d. ass. de l'enseign. sec. in Paris.
— 1.8.86 Kaiserslautern 15.11.77 Edenkoben 16.9.04 Augsburg St.	— 1.4.96 Münnerstadt 15.9.92 Kempten —	— — — —	— — 1.10.01 Fürth —	LL a. D.
1.7.92 Dürkheim a. H. 1.9.94 Edenkoben 1.4.96 Grünstadt	1.4.01 Bamberg A. 1.10.02 Aschaffenbg. —	— — —	— — —	
1.3.93 Schweinfurt 1.2.77 Windsheim —	16.8.02 Regensburg A. 1.1.05 Schwabach —	— — —	— — —	OL I, LD II., AM 99—02. Staatl. Sten.-Prüf. 02.

Namen der Lehrer a) Geschlechtsname, b) Vorname, c) Stellung, d) Bezeichnung des Faches für die Fachlehrer	Anstalt, an welcher gegenwärtig tätig	Geboren wann? wo?	Konfession	Jahr des Hauptkonkurs, 2. Prüfungsabschn.
Dr. Raebel Hans, G.L.	Forchheim	3.6.72 Weifsenohe (O.Fr.)	k	95
Rampf Johann Bapt., G.L.	Traunstein	13.4.66 Katzelsried (O.Pf.)	k	89
Ramsauer Frz. Xaver, G.L.	Burghausen	15.1.69 München	k	91
Dr. Ranninger Franz, S.R.	Hammelburg	2.2.65 Unterschleichach (U.Fr.)	k	91
Dr. Rast Rudolf, G.L.	Nürnberg R.	19.5.72 Augsburg	pr	98
P. Rauch Bonifaz, O.S.B., G.L.	Metten	22.12.73 Amberg	k	99
Dr. Raumair Arthur, G.Pr., N.	Rosenheim	3.2.57 Altötting	k	79
v. Raumer Sigmund, G.Pr.	Erlangen	12.5.60 Erlangen	pr	84
Rauschmayer Karl, G.L., M.	Dillingen	9.6.74 Welden (Schw.)	k	98
Rech Eugen, G.Pr.	Ludwigshafen	10.10.65 Spesbach (Pf.)	pr	88
Recht Johann Peter, G.Pr., N.	Augsburg R.	25.5.54 Bech-Remich (Luxembg.)	k	77
Dr. Recknagel G., G.R., Ob.St.R., M.	Augsburg R.	10.4.35 Gersfeld i. d. Rhön	k	60
Redenbacher Markus, G.Pr., R.	Augsburg A.	18.2.72 Gunzenhausen	pr	—
Reeb Jakob, Pr., G.Pr., R.	Zweibrücken	24.5.42 Schifferstadt (Pf.)	k	—
Reffel Heinrich, G.Pr.	Würzburg A.	28.3.58 Lohr a. M.	k	82
Dr. Rehm Albert, G.L.	München W.	15.8.71 Augsburg	pr	93
Dr. Reich Heinrich Wilh., G.-R.	Landau (Pf.)	2.4.54 Ludwigshafen a. Rh.	pr	77
Reich Karl, G.A.	Augsburg R.	19.2.76 Neumarkt i. O.	k	00
Reichart Franz Xaver, G.Pr., M.	Freising	13.7.50 Dillingen	k	79
Dr. Reichenberger Silvan, G.Pr.	Landshut	19.7.49 Warmensteinach (O.Fr.)	k	75
Dr. Reichenhart Emil, G.Pr.	Nürnberg A.	23.2.44 Memmingen	pr	67
Reichert Peter, G.L.	Rothenburg o. T.	24.10.50 Königshofen (U.Fr.)	k	78
Reichhold Karl, G.Pr., Z.	München R.	5.4.50 Herschberg	k	78
Dr. v. Reifhardstöttner K., G.Pr., N.	München K.K.	26.3.47 München	ak	72
Reinhart Richard, G.-A., Real.	Würzburg R.	7.11.76 Hollstadt (U.Fr.)	k	00
Reinwald Thomas, G.L.	Kaiserslautern	29.3.72 Aeschach b. Lindau	pr	94
Dr. Reisert Karl, G.Pr.	Würzburg N.	8.6.57 Alzenau (U.Fr.)	k	81
Reifsermayer Jakob, G.R.	Landshut	17.7.48 Waidholz (N.B.)	k	73
Dr. Reifsinger Karl, G.L.	München R.	5.2.71 Beerbach (M.Fr.)	pr	93
Dr. Reiter Anton, G.Pr.	Würzburg N.	10.6.56 Wenschdorf (U.Fr.)	k	78
Reng Edmund, G.L.	Regensbg. N.	20.3.68 Straubing	k	92
Dr. Renn Emil, G.Pr.	Landshut	2.8.51 Imst in Tirol	k	74
Dr. Renner Robert, G.L.	München Lp.	31.7.72 München	k	96
Renz Wendelin, G.L.	Aschaffenbg.	16.7.70 Fellheim (Schw.)	k	95
Retzer Karl, G.L.	Neuburg a. D.	17.2.53 Triftern (N.B.)	k	84
Reuter Gottlieb, G.L.	Ansbach	29.6.47 Martinsheim (U.Fr.)	pr	72
Rheinfelder Hans, G.L.	Landau	14.4.69 Bamberg	k	93
Richter Joseph, G.Pr.	Rosenheim	30.11.54 Regensburg	k	78
Dr. Riedel Christian, G.-L.	Ingolstadt	3.1.77 Münchberg	pr	99
Riedel Georg, G.Pr., N.	Kaiserslautern	1.11.53 Elmstein (Pf.)	k	77
Riedel Rudolf, G.L.	Kusel	17.9.67 Neuendettelsau (M.Fr.)	pr	89
Rieder Johann Baptist, G.A.	München Ld.	30.4.75 Fahlenbach (O.B.)	k	01

Erste Anstellung als				Besondere Bemerkungen
Gymnasiallehrer (Studienlehrer) (Reallehrer) wann? wo?	Gymnasialprofessor oder Rektor e. Progymn. wann? wo?	Konrektor (Studienrat) wann? wo?	Gymnasialrektor wann? wo?	
1.9.01 Forchheim	—	—	—	
16.9.95 Ludwigshafen				
1.10.97 Annweiler	—	—	—	
1.9.97 St. Ingbert	—	—	—	
1.9.02 Germersheim	—	—	—	
18.9.00 Metten	—	—	—	
16.8.81 Traunstein R.	1.1.95 Regensburg N.	—	—	
16.9.88 Windsheim	1.7.00 Erlangen	—	—	
1.1.01 Dillingen	—	—	—	Zugl. Fachlehrer für Naturkunde (Mineralogie).
1.12.92 Nördlingen	1.9.04 Ludwigshafen	—	—	
1.2.85 Augsburg R.	1.4.98 Augsburg R.	—	—	
—	1.10.68 München R.	—	16.1.92 Augsbg. R.	Korr. Mitglied der Akademie d. W.
—	1.9.00 Augsburg A.	—	—	k. g. Rat, Denkm. 70/71 P. Ehrenkr. pro Eccl. et P.—Landtagsabg. AM, korr. Mitgl. d. K. K. Oe. Arch. Inst.
—	1.10.69 Zweibrücken	—	—	
1.10.88 Frankenthal	1.8.98 Speyer	—	—	
16.4.98 Ansbach	—	—	—	
1.4.80 Nürnberg A.	1.7.94 München W.	—	1.10.02 Landau	Inh. d. Ritterkr. d. K. o. FJO.
1.8.86 Freising	1.7.96 Freising	—	—	
11.11.77 Homburg	16.9.92 Landshut	—	—	Lehr. f. Stenographie.
16.1.69 Kaiserslautern	1.1.86 Nürnberg A.	—	—	
1.5.88 Rothenburg o. T.				
1.10.83	1.3.02 München R.	—	—	
1.10.72 München K.K.	1.11.81 München K.K.	—	—	Honorarprof. a. der techn. Hochsch. LD II, Ritt. d. Ord. d. ital. Kr., Komturkr. d. port. Verd. O.
—	—	—	—	
16.10.99 Kaiserslautern	—	—	—	Gepr. Lehr. f. Stenographie. OL a. D. OR. LD II.
16.10.87 Neustadt a. H.	1.7.98 Würzburg N.	—	—	
1.10.76 Regensburg	1.1.89 München M.	—	1.4.99 Landshut	
1.9.98 Speyer	—	—	—	
1.4.83 Annweiler	1.1.95 Würzburg N.	—	—	Lehrer f. Naturkunde. OL a. D.
1.7.98 Germersheim	—	—	—	
1.9.75 Lindau i. B.	1.7.92 Landshut	—	—	
1.7.00 Amberg	—	—	—	LL I.
1.7.00 Aschaffenbg.	—	—	—	
15.4.94 Kusel	—	—	—	
1.10.76 Gunzenhausen	—	—	—	
1.10.98 Landau	—	—	—	
15.10.84 Grünstadt	1.1.04 Rosenheim	—	—	
1.9.03 Ingolstadt	—	—	—	
1.11.78 Kaiserslautern	1.1.04 Kaiserslautern	—	—	
1.1.95 Kusel	—	—	—	Zeitl. quiesz.

Namen der Lehrer a) Geschlechtsname, b) Vorname, c) Stellung, d) Bezeichnung des Faches für die Fachlehrer	Anstalt, an welcher gegenwärtig tätig	Geboren wann? wo?		Konfession	Jahr des Hauptkonkurs, 2. Prüfungsabschn.
P. Riedermair Bruno, O.S.B., G.L.	Schäftlarn	9.8.61	Alberzell (O.B.)	k	92
Dr. Riedner Gustav, G.A.	Nürnberg N.	13.7.79	Nürnberg	pr	01
Dr. Riefs Georg, G.Pr., M.	Neuburg a. D.	9.12.63	Rothenfels (U.Fr.)	pr	87
Riester Gustav, G.L.	Edenkoben	28.12.49	Niederhochstadt (Pf.)	k	76
Dr. Rinecker Franz, G.Pr., M.	Regensbg. N.	30.10.53	Tegernsee	k	76
Röckl Sebastian, G.Pr.	München M.	21.1.56	München	k	78
Rödel Fritz, G.A.	Ingolstadt	3.9.76	Lindenhardt (O.Fr.)	pr	00
Röder Joseph, G.L.	St. Ingbert	19.3.75	Pfersdorf (U.Fr.)	k	98
Röder Leonhard, K.R., N.	Nürnberg R.	3.4.42	Nürnberg	pr	67
Roehrl Martin, G.L., Z.	Passau	11.11.62	Lanquaid	k	83
Römer Georg, G.Pr.	Straubing	14.5.56	Landshut	k	82
Rösel Richard, G.L.	Straubing	21.9.68	Nürnberg	pr	90
Dr. Roetter Eduard, G.Pr.	Landau	6.12.57	Ansbach	pr	77
Röttinger Konrad, G.L.	Münnerstadt	25.5.56	Diebelstadt	k	87
Rohmeder Adolf, G.Pr., R.	München Ld.	16.5.63	Rüdenhausen (U.Fr.)	pr	86
Roos Wilhelm, G.Pr.	Augsburg R.	27.6.54	Homburg (Pfalz)	k	82
Dr. Roppenecker Hermann, G.Pr.	Münnerstadt	23.11.65	Blieskastel	k	88
Dr. Roschatt Alois, G.Pr.	Landshut	4.6.51	Graz	k	76
Dr. Rosenbauer Andreas, G.Pr., N.	Lohr a. M.	12.3.62	Aufkirchen (O.B.)	pr	86
Dr. Rosenhauer Hans, G.Pr.	Kempten	21.11.54	Erlangen	pr	77
Rosenmerkel Wilhelm, G.Pr.	Nürnberg N.	18.3.60	Tann a. d. Rhön	pr	83
Dr. Rost Michael, G.A.	München Lp.	11.6.77	Frickenhausen (U.Fr.)	k	00
Roth Friedrich, G.Pr.	Neustadt a. H.	16.3.51	Eichstätt	pr	73
Roth Karl, Rektor	Dürkheim	1.1.44	Berneck (O.Fr.)	pr	68
Dr. Roth Karl, G.L.	Kempten	25.3.66	Haundorf (M.Fr.)	pr	89
Dr. Rothlauf Benedikt, K.R., M.	München M.	9.1.51	Weismain	k	73
Ruchte Ludwig, G.Pr., M.	Amberg	10.6.54	Wiggenbach (Schw.)	k	79
Ruckdeschel Robert, G.L.	Rosenheim	18.5.69	Kulmbach	pr	92
Dr. Rück Karl, G.R.	Neuburg a. D.	31.12.54	Tirschenreuth	k	77
Dr. Rüger Anton, S.R.	Blieskastel	13.5.55	Würzburg	k	81
Dr. Ruefs Ferdinand, G.Pr.	München Lp.	30.5.53	Augsburg	k	76
Sabel Gotthold, G.Pr., R.	Bamberg A./N.	12.6.52	Waldangelloch (Bad.)	pr	—
Salzgeber Karl, G.A.	Kaiserslaut.	20.8.77	Zweibrücken	k	01
Sander Johannes Felix, G.L., M.	Wunsiedel	5.4.62	Speyer	pr	98
Dr. Sartori Karl, G.L.	Bamberg A.	14.6.70	Schwandorf	k	94
Sattler Gustav, G.A.	Bayreuth	27.2.74	St. Georgen (U.Fr.)	pr	99
Sattler Heinrich, G.A.	Hammelburg	5.7.73	Nürnberg	k	98
Dr. Schäfer Wilhelm, G.A.	München Th.	20.10.77	Gerolzhofen (U.Fr.)	k	00
Dr. Schaefler Jakob, G.Pr.	Rosenheim	17.12.54	Landshut	k	79

Erste Anstellung als				Besondere Bemerkungen
Gymnasiallehrer (Studienlehrer) (Reallehrer) wann? wo?	Gymnasialprofessor oder Rektor e. Progymn. wann? wo?	Konrektor (Studienrat) wann? wo?	Gymnasialrektor wann? wo?	
25.6.94 Schäftlarn —	— —	—	—	
1.7.94 München W. 15.5.79 Winnweiler	16.8.02 Neuburg a. D. —	—	—	
1.12.77 Wunsiedel R. 15.9.83 Lindau	15.10.93 Bamberg A. 1.7.94 München M. —	—	—	
1.4.04 St. Ingbert	—	—	—	
1.6.68 Germersheim 1.7.00 Passau 1.5.90 Günzburg 1.5.95 Homburg	16 10.82 Nürnberg R. — 1.1.05 Straubing —	1.9.04 Nürnb. — — —	— — — —	
10.12.82 Pirmasens 4.9.94 Winnweiler — 16.12.90 Günzburg	1.7.94 Landau — 16.9.92 München Ld. 15.8.02 Augsburg R.	— — — —	— — — —	Zugl. Lehrer f. Hebr. OLt a. D., DA II.
16.9.93 Freising 20.12.78 Landstuhl 1.1.94 Lindau i. B. 1.1.81 Kempten	1.9.04 Münnerstadt 16.9.92 Freising 1.9.02 Lohr 1.9.94 Kempten	— — — —	— — — —	OR.
16.8.88 Landau —	1.1.99 Ansbach —	— —	— —	LR.
1.10.75 Kaiserslaut. 2.3.72 Pirmasens	28.3.88 Neustadt a. H. 16.10.81 Wunsiedel	— —	— —	
1.10.97 Ludwigshaf. 1.3.78 München R. L. 1.7.86 Regensburg N. 1.9.98 Windsbach	— 1.3.91 Passau 1.7.98 Münnerstadt —	— 1.9.04 München M. — —	— — — —	
1.1.81 Bamberg 1.1.90 Pirmasens 16.9.80 Neuburg a. D.	1.7.94 München Ld. 1.9.02 Forchheim 16.9.93 München Lp.	— — —	1.5.04 Neubg.a.D. — —	StV v. 94—99 u. seitd. AM bis 1.5.04. Zugl. Lehr. f. Stenogr.
— —	1.8.85 Bamberg A. —	— —	— —	Ritt. I.Kl. d. Gr. Bad. O. v. Zähr.L.
1.7.00 Wunsiedel 16.10.99 Günzburg	— —	— —	— —	Gepr. Turnlehrer
— —	— —	— —	— —	
1.1.86 Schweinfurt	1.10.95 Dillingen	—	—	

Namen der Lehrer a) Geschlechtsname, b) Vorname, c) Stellung, d) Bezeichnung des Faches für die Fachlehrer	Anstalt, an welcher gegenwärtig tätig	Geboren wann?	wo?	Konfession	Jahr des Hauptkonkurs. 2.Prüfungsab chm.
Schaller Michael, G.Pr., N.	Burghausen	1.10.52	Schmidmühlen (O.Pf.)	k	78
Schauerbeck Sebastian, G.A.	München Lp.	19.1.75	Ratzenhofen (N.B.)	k	01
P. Scheck Adolf, O.S.B., G.Pr.	Augsburg St.	13.1.60	Oettingen	k	84
Dr. Scheftlein Hans, G.Pr.	Regensbg. N.	12.10.54	Kronach	k	77
Dr. Scheibmaier Joseph, G.R.	Freising	3.3.50	München	k	73
Scherbauer Joseph, G.A.	Bamberg A.	2.10.76	Tirschenreuth	k	01
Scheuermayer Franz, G.Pr., M.	Günzburg	3.1.62	Neuburg a. D.	k	84
Scheufele Wilhelm, G.A., M.	München R.	10.3.79	Neuötting	pr	02
Schiffmann Andreas, Pr., S.R.	Hafsfurt	22.9.36	Mitterteich (O.Pf.)	k	65
Dr. Schiller Heinrich, G.Pr.	Fürth	8.5.56	Reichenschwand (M.Fr.)	pr	78
Schiller Ludwig, G.Pr.	Dinkelsbühl	16.6.57	Pappenheim	pr	79
Dr. Schinnerer Friedrich, G.Pr.	Regensbg. N.	28.8.55	Ottenhofen (M.Fr.)	pr	80
Schlehuber Joseph, G.L.	Kitzingen	11.11.66	Wertingen (Schw.)	k	91
Schleisinger Karl, G.L.	Wunsiedel	22.6.55	Amberg	pr	84
Dr. Schlelein Hans, G.L.	Passau	3.9.77	Bamberg	k	99
Schleufsinger August, G.Pr.	Ansbach	12.9.45	Schwimbach (M.Fr.)	pr	68
Dr. Schlittenbauer Sebastian, G.L.	München Ld.	20.1.74	Wolnzach	k	99
Schmädel Ritter u.Edler v.Joh., G.A.	Weifsenburg	7.8.75	Neu-Ulm	k	00
Schmatz Joseph, G.L.	Regensbg. N.	21.7.64	Regenstauf	k	90
Dr. Schmaus Johann, G.Pr.	Bamberg A.	9.3.58	Vilswörth (O.Pf.)	k	82
Schmid Alois, G.A., M.	München R.	28.8.77	Ernstfeld (O.Pf.)	k	02
Schmid Cölestin, G.Pr.	Landau (Pf.)	19.9.61	Obergünzburg	k	86
Schmid Johann, G.Pr.	Kempten	10.3.60	Grofskötz	k	83
Schmid Joseph, G.Pr.	Passau	17.12.52	Minsing (N.B.)	k	78
Dr. Schmid Karl, G.A., N.	München R.	31.12.76	München	k	02
Dr. Schmidinger Franz, G.L.	Passau	16.4.70	Cham	k	93
Schmidt Albert, S.R.	Thurnau	17.10.78	Neustadt a. A.	pr	02
Dr. Schmidt Friedrich, G.R.	Bayreuth	10.6.46	Hof	pr	68
Schmidt Gustav, G.L.	Hof	30.5.70	Asch (Böhmen)	k	94
Schmidt Hans, G.L.	Edenkoben	1.12.72	Nürnberg	pr	98
Schmidt Max, G.L., M.	Kempten	8.9.70	Hof	pr	94
Dr. Schmidt Nikolaus, G.L., M.	Ingolstadt	6.4.77	München	pr	99*
Schmidt Wilhelm, G.Pr.	Augsburg A.	28.5.52	Hof	pr	74
Schmitt Andreas, G.R.	Bamberg N.	25.6.37	Hetzlos (U.Fr.)	k	60
Dr. Schmitt Joh. Jos. Herm., Rektor.	Edenkoben	12.6.47	Zell (U.Fr.)	k	69
Schmitt Karl Phil., G.A.	Ansbach	7.5.78	Aschaffenburg	k	01
Dr. Schmitt Peter, G.Pr.	Würzburg A.	7.4.56	Eltmann	k	80
Schmitt Vinzenz, G.L., M.	Miltenberg	3.1.74	Schmalwasser (U.Fr.)	k	99
P. Schmölzer Hugo, O.S.B., G.Pr.	Augsburg St.	18.3.55	Kettershausen	k	82
Schneid Joseph, Pr., G.Pr., R.	Eichstätt	11.12.54	Wemding	k	—
Schneidawind Wilhelm, Rektor.	Forchheim	20.3.57	Münnerstadt	k	78
Dr. Schneider Heinrich, G.Pr.	Regensbg. A.	1.12.60	München	pr	83

Erste Anstellung als				Besondere Bemerkungen
Gymnasiallehrer (Studienlehrer) (Reallehrer) wann? wo?	Gymnasialprofessor oder Rektor e. Progymn. wann? wo?	Konrektor (Studienrat) wann? wo?	Gymnasial- rektor wann? wo?	
16.5.88 Burghausen	16.7.01 Burghausen	—	—	
1.10.85 Augsburg St.	15.9.00 Augsburg St.	—	—	Direktor des Kgl. Studienseminars St. Joseph.
1.1.82 Frankenthal	1.7.94 Regensbg. N.	—	—	
1.1.77 München W.	1.3.89 Amberg	—	16.10.99 Aschaffenburg	
1.6.91 Neuburg a. D.	1.9.01 Günzburg	—	—	
29.10.66 Haſsfurt	31.12.97 Haſsfurt	—	—	Kgl. geistl. Rat.
1.10.84 Memmingen	1.9.96 Fürth	—	—	
1.10.86 Edenkoben	1.1.02 Dinkelsbühl	—	—	
1.8.86 Hof	1.10.97 Kaiserslautern	—	—	
1.9.98 Annweiler	—	—	—	
1.12.88 Wunsiedel	—	—	—	
15.4.03 Passau	—	—	—	
1.12.74 Ansbach	1.11.85 Ansbach	—	—	Direktor des prot. Alumneums.
16.4.03 München Th.	—	—	—	
1.7.96 Rothenburg o. T.	—	—	—	
1.5.88 Dillingen	1.7.98 Bamberg A.	—	—	
—	—	—	—	
1.8.92 Freising	1.4.04 Landau (Pf.)	—	—	
16.10.88 Amberg	1.1.99 Amberg	—	—	
1.1.85 Edenkoben	1.7.96 Passau	—	—	
—	—	—	—	
1.9.99 Passau	—	—	—	LR.
—	—	—	—	
1.10.72 Bayreuth	1.8.86 München M.	—	1.9.98 Ludwigshafen	K. Ludwigsmedaille
1.11.99 Speyer				
16.11.03 Edenkoben	—	—	—	
1.9.95 Germersheim	—	—	—	
1.9.01 Ingolstadt	—	—	—	
10.10.76 Germersheim	1.9.95 Schwabach	—	—	
1.10.64 Würzburg	1.10.74 Landau	—	1.1.81 Münnerstadt	M 4.
12.11.72 Edenkoben	1.10.77 Edenkoben	—	—	
1.8.86 Würzburg A.	1.7.96 Würzburg A.	—	—	
1.9.02 Miltenberg	—	—	—	
1.11.82 Augsburg St.	16.9.04 Augsburg St.	—	—	Lehrer für Hebr.
—	26.2.96 Eichstätt	—	—	
1.1.85 Pirmasens	1.9.97 Blieskastel	—	—	
1.1.90 Kaiserslautern	16.10.99 Regensbg. A.	—	—	

Namen der Lehrer a) Geschlechtsname, b) Vorname, c) Stellung, d) Bezeichnung des Faches für die Fachlehrer	Anstalt, an welcher gegenwärtig tätig	Geboren wann?	wo?	Konfession	Jahr des Hauptkonkurs. 2. Prüfungsabschn.
Schneider Ignaz, G.Pr.	Bamberg N.	16.8.52	Weismain	k	75
Schneider Valentin, G.L.	Grünstadt	8.8.75	Stetten (U.Fr.)	k	99
Schnetz Joseph, G.L.	Münnerstadt	28.11.73	Wien	k	98
Schnizlein August, G.L.	Rothenburg o. T.	3.12.62	Aufhausen (Schw.)	pr	88
Dr. Schnupp Wilhelm, G.L.	Amberg	28.10.71	Billigheim (Baden)	k	92
Dr. Schodorf Konrad, G.A.	Würzburg A.	24.11.77	Grofsbardorf (U.Fr.)	k	01
Dr. Schoener Christoph, G.Pr.	Erlangen	1.8.56	Erlangen	pr	79
Dr. Schoener Ernst, G.P., M.	Erlangen	25.12.58	Geislohe (M.Fr.)	pr	82
Scholl Gustav, G.L.	Nürnberg A.	22.11.66	Uffenheim	pr	90
Scholl Max, G.Pr.	Bayreuth	21.9.65	Uffenheim	pr	87
Dr. Scholl Sigmund, G.L., N.	Kempten	3.11.61	Schönsee (O.Pf.)	k	91
Schorer Karl Theodor, G.L., M.	Weissenburg i. B.	20.12.66	Lübeck	pr	95
Dr. Schott Hermann, G.Pr.	Regensbg. N.	1.9.65	Bad Kissingen	pr	87
Dr. Schott Wilhelm, G.L.	Bamberg N.	12.9.70	Augsburg	pr	91
Schraub Franz, G.A.	Lohr	8.7.77	Batten	k	00
Schreiber Friedrich, G.L.	Rothenburg o. T.	3.11.51	Ansbach	pr	75
Schreibmüller Hermann, G.L.	Kaiserslautern	6.9.74	Passau	pr	97
Schreiegg Joseph, G.L.	Donauwörth	14.3.63	Scherstetten (Schw.)	k	88
Schreiner Joseph, G.Pr., M.	Rosenheim	30.1.56	Grafenau (N.B.)	k	79
Schreiner Rupert, G.A.	Amberg	25.9.78	Mallersdorf (N.B.)	k	01*
Schreyer Richard, G.Pr.	Burghausen	20.6.60	Grafenau (N.B.)	k	84
Schrödinger Johann, G.L.	Weiden	3.7.63	Burgau	k	94
Dr. Schroff August, R.L. f. Lat.	Landsberg R.	12.7.76	Weilheim	k	99
Schub Anton, G.L.	Günzburg	17.4.57	Viechtach	k	86
Schubeck Joseph, G.L., M.	Freising	12.11.65	Obing	k	92
Dr. Schubert Anton, G.Pr.	Bamberg A.	1.6.50	Gofsmannsdorf (U.Fr.)	k	76
Schubert Kurt, G.L., M.	Windsbach	30.1.75	München	pr	00
Dr. Schühlein Franz, G.Pr.	Freising	26.2.52	Baunach (O.Fr.)	k	80
Schuh Hans, G.A.	Windsheim	10.8.75	Nürnberg	pr	01
Schuler Ludwig, G.L.	St. Ingbert	30.10.67	Bornheim (Pf.)	k	93
Schultheis J. Anton, Pr., S.L.	Hammelburg	2.4.49	Hammelburg	k	78
Schumacher Eugen, G.L.	Landau	7.11.61	Knöringen (Pf.)	k	90
Dr. Schumacher Johann, G.Pr., M.	München K.K.	10.7.58	Grünstadt	k	81
Dr. Schunck Julius, G.L.	Zweibrücken	10.4.69	Pegnitz (M.Fr.)	pr	93
Dr. Schunck Max, G.L.	Nürnberg A.	21.1.71	Pegnitz	pr	93
Schuster Hans, G.A.	München M.	2.12.76	Kühbach (O.B.)	k	00*
Schuster Max, G.A.	Landstuhl	5.3.74	Augsburg	k	00
Dr. Schwab Otto, G.Pr.	Ansbach	30.11.65	Oehringen (Württ.)	pr	87
Schwanzer Adolf, G.Pr., M.	München W.	14.2.58	Kötzting	k	79
Schwarzmann Joh. Bapt., G.Pr., R.	Landshut	19.4.51	Bamberg	k	—
Schwenk Rudolf, G.Pr.	Schweinfurt	30.12.60	Speyer	pr	83

Erste Anstellung als				Besondere Bemerkungen
Gymnasiallehrer (Studienlehrer) (Reallehrer) wann? wo?	Gymnasialprofessor oder Rektor e. Progymn. wann? wo?	Konrektor (Studienrat) wann? wo?	Gymnasialrektor wann? wo?	
1.10.77 Ludwigshafen 9.7.04 Grünstadt 1.9.02 Münnerstadt 16.9.94 Rothenburg	1.9.97 Dillingen — — —	— — — —	— — — —	
1.10.97 Amberg —	— —	— —	— —	
15.9.84 Hof 1.5.89 München Rsch.	1.7.96 Erlangen 1.9.99 Erlangen	— —	— —	OL a. D. LD II.
1.5.96 Schwabach 1.7.94 Windsheim 1.9.93 Nördlingen R. 16.11.97 Weifsenburg	— 16.8.02 Bayreuth — —	— — — —	— — — —	
1.7.92 Regensburg N. 1.11.96 Kusel	15.8.02 Regensbg. N. —	— —	— —	
16.12.76 Günzburg a. D.	—	—	—	
1.10.01 Kaiserslaut. 16.11.94 Germersheim 16.9.84 Kitzingen —	— — 1.9.00 Rosenheim —	— — — —	— — — —	
1.7.92 Amberg 1.9.00 Weiden 1.9.04 Landsberg 1.9.94 St. Ingbert	1.9.00 Burghausen — — —	— — — —	— — — —	
1.9.94 Kirchheimbol. 20.9.82 Edenkoben 1.9.02 Windsbach 15.5.88 Freising	— 1.7.94 Bamberg A. — 16.8.02 Freising	— — — —	— — — —	Zugl. Lehrer f. Hebr.
1.9.99 St. Ingbert 12.12.78 Hammelburg 1.6.96 Landau	— — —	— — —	— — —	
1.12.88 Neustadt a. H. 1.9.98 Zweibrücken 1.9.98 Fürth —	1.6.98 München K.K. — — —	— — — —	— — — —	HL. a. D., LD I.
16.9.92 München W. 1.6.85 Frankenthal — 16.8.89 Hof	16.10.02 Ansbach 1.7.96 München W. 1.1.97 Landshut 1.9.99 Schweinfurt	— — — —	— — — —	Lehrer f. Naturkunde.

Namen der Lehrer a) Geschlechtsname, b) Vorname. c) Stellung, d) Bezeichnung des Faches für die Fachlehrer	Anstalt, an welcher gegenwärtig tätig	Geboren wann? wo?	Konfession	Jahr des Hauptkonkurs. 2.Prüfungsabschn.
Schwenzer Friedrich, A.	Blieskastel	24.10.72 Ludwigshafen	pr	99
Dr. Schwind Adam, G.L.	Würzburg N.	26.10.70 Mellrichstadt	k	93
Schwind Georg, G.L.	Miltenberg	29.10.67 Lohr a. M.	k	93
Seemüller Johann, G.A.	Neuburg	8.4.76 Haunstetten (Schw.)	k	00
Seibel Franz, G.A.	Rosenheim	1.10.76 Weilheim	k	00
Dr. Seibel Max Georg, G.R.	Passau	27.7.54 Dillingen	k	76
P. Dr. Seiller Bernhard, OSB, G.Pr.	Augsburg St.	6.1.63 Wolfsberg (O.Fr.)	k	90
Seiser Edmund, G.Pr.	Freising	1.7.57 Mantel (O.Pf.)	k	86
Sell Heinrich, G.A.	Bayreuth	29.5.78 Ebersdorf	pr	01
Sellinger Joseph, G.L.	Bamberg N.	21.1.68 Schifferstadt (Pf.)	k	92
Senger Joseph, K.R.	München Ld.	30.6.47 Ottengrün (O.Pf.)	k	73
Seufferth Adam, G.L.	Kaiserslaut.	27.12.70 Königsfeld (O.Fr.)	k	97
Seyfried Karl, G.Pr.	Memmingen	30.3.56 Pappenheim	pr	78
Dr. Seyler Gotthold, G.L., M.	St. Ingbert	13.8.76 Streitau (O.Fr.)	pr	00
Seywald Ludwig, G.Pr.	Regensburg A.	12.8.54 Empfing	k	79
Siebengartner Markus, Pr., G.Pr., R.	Regensburg A.	9.6.67 Eben	k	—
Siebenhaar Johann, G.L.	Würzburg N.	27.11.68 Oberehrenbach (O.Fr.)	k	93
Dr. Sievert Heinrich, G.Pr., M.	Bayreuth	3.4.55 Wunsiedel	pr	78
Dr. Silverio Oswald, G.L.	München M.	8.7.66 Augsburg	k	90
Simmet Ludwig, G.Pr., Real.	Augsburg R.	6.10.49 Freinsheim (Pfalz)	k	77
Dr. Sippel Fridolin, S.L.	Haßfurt	1.5.74 Braidbach (U.Fr.)	k	98
Sirch Meinrad, G.Pr.	Freising	1.6.57 Pfaffenhausen (Schw.)	k	83
Dr. Sörgel Hermann, G.Pr.	Augsburg A.	12.3.63 Burkersdorf (O.Fr.)	pr	85
Sondermaier Ludwig, G.Pr., M.	München Lp.	14.9.60 München	k	84
Spandl Hans, G.A., Real.	Nürnberg R.	13.3.75 Regensburg	k	99
Spiegel Gustav, G.L.	Kempten	6.10.70 Dambach (M.Fr.)	pr	92
Dr. Spiegel Nikolaus, G.Pr.	Würzburg A.	3.12.58 Kitzingen	k	82
Spindler Adam, G.L.	Bamberg A.	1.1.61 Bamberg	k	82
Spindler Andreas, Pr., G.Pr., R.	Günzburg	6.2.64 Schongau	k	
Spindler Erhard, G.Pr., N.	Günzburg	29.7.60 Hof	pr	82
Spörlein Johann Baptist, G.L.	Kirchheimbol.	17.5.72 Burk (O.Fr.)	k	98
Sponsel Heinrich, Rektor.	Bergzabern	22.1.58 Weidenberg (O.Fr.)	pr	82
Dr. Stadler Hermann, G.Pr.	München M.	14.7.61 Neunburg v. Wald	k	83
Stadler Joseph, G.Pr.	Ingolstadt	31.1.51 Mötzing	k	76
Stadlmann Ludwig, G.Pr., R.	Amberg	9.3.63 Windischeschenbach	k	—
Dr. Stählin Friedrich, G.L.	Hersbruck	8.4.74 Nördlingen	pr	97
Dr. Stählin Otto, G.Pr.	München M.	22.1.68 Reutti (Schw.)	pr	88
Stang Georg, G.A.	Amorbach	20.2.80 Amorbach	k	03
Dr. Stapfer Augustin, G.Pr.	München W.	26.6.60 Triftern (N.B.)	k	84
Stark Joseph, G.A.	Landau	25.11.76 Halsbach (O.B.)	k	01
Stauber Anton, G.Pr., Real.	Augsburg R.	17.10.43 Köfering (O.Pf.)	pr	76

Erste Anstellung als				Besondere Bemerkungen
Gymnasiallehrer (Studienlehrer) (Reallehrer) wann? wo?	Gymnasialprofessor oder Rektor e. Progymn. wann? wo?	Konrektor (Studienrat) wann? wo?	Gymnasial- rektor wann? wo?	
1.1.99 Dinkelsbühl 1.9.99 Miltenberg	— —	— —	— —	
1.9.78 München Ld. 1.10.91 Augsburg St. 16.10.92 München Ld.	1.7.92 München W. 16.9.04 Augsburg St. 1.9.03 Freising	— — —	16.10.02 Passau — —	Lyzealprofessor
1.9.98 Landstuhl 1.10.75 Dürkheim 1.10.01 Aschaffenbg.	— 16.8.88 Passau —	— 1.9.04 München Ld. —	— — —	
1.8.86 Homburg (Pf.) 15.9.01 St. Ingbert 16.5.88 Pirmasens —	1.1.02 Memmingen — 1.9.01 Regensburg A. 17.10.00 Regensbg. A.	— — — —	— — — —	OL a. D.
1.9.98 Lohr a. M. 15.2.81 Schweinfurt 1.8.95 München M. 1.12.78 Augsburg R.	— 1.2.94 Bayreuth — 15.11.95 Augsburg R.	— — — —	— — — —	M 4; R. d. ö. FJO.
16.4.03 Hafsfurt 1.8.92 Kirchheimbolanden 1.7.92 Nürnberg N. 1.7.92 München Lp.	— 16.4.03 Freising 1.9.01 Neustadt a. A. 1.7.00 München Lp.	— — — —	— — — —	
— 1.1.98 Schwabach 1.5.88 Augsburg St.	— — 1.7.98 Schweinfurt	— — —	— — —	
16.11.91 Hafsfurt — 15.8.90 Ansbach 1.9.03 Kirchheimbolanden	— 16.9.03 Günzburg 1.9.00 Günzburg —	— — — —	— — — —	LR.
16.8.88 Feuchtwangen 16.8.88 Neuburg a. D. 1.10.82 Landstuhl —	1.9.04 Bergzabern 1.1.99 Freising 1.1.02 Ingolstadt 1.1.95 Amberg	— — — —	— — — —	Zugl. Lehr. f. Naturk. u. Privatdoz. a. d. K. techn. Hochschule.
1.9.01 Hersbruck 1.7.94 Nürnberg N.	— 1.10.02 München M.	— —	— —	LR. OL II.
1.7.90 München Lp.	16.10.99 Freising	—	—	K 94–03, St. V. seit 03.
16.11.78 Neustadt a. H., R.	16.1.80 Speyer R.	—	—	

Namen der Lehrer a) Geschlechtsname, b) Vorname, c) Stellung, d) Bezeichnung des Faches für die Fachlehrer	Anstalt, an welcher gegenwärtig tätig	Geboren wann? wo?	Konfession	Jahr des Hauptexamens 2.Prüfungsabschn.
P. Stauber Othmar Jos., O.S.B., G.L.	Metten	24.9.59 Vilshofen (O.Pf.)	k	87
Steeger Theodor, G.A.	Nürnberg R.	11.4.74 Bayreuth	k	00
Stefl Franz, G.Pr.	Regensbg. N.	31.3.56 Wartenberg (O.B.)	k	80
Steger Karl, G.A.	Metten	21.10.78 Bogen (N.B.)	k	02
Steidl Karl, G.A., M.	Würzburg A.	13.1.79 Regensburg	k	02
Dr. Steier August, G.A.	Passau	21.3.77 Passau	k	99
Dr. Steiger Hugo, G.Pr.	Nürnberg A.	3.10.61 Augsburg	pr	83
Steinbauer Johann, G.L.	Windsbach	10.12.67 Windsbach	pr	95
Dr. Steinberger Alfons, G.R.	Günzburg	18.8.52 Regensburg	k	75
Steiner Friedrich, G.A.	Nürnberg R.	26.4.74 München	k	00
Steinheimer Eduard, G.A.	München Ld.	22.11.78 Bamberg	k	01
Steininger Theodor, G.L., M.	Rosenheim	9.12.72 Schwäb. Gmünd (Württ.)	k	96
Steinmetz Georg August, K.R.	Regensbg. A.	10.9.50 Nürnberg	pr	72
Dr. Steinmüller Georg, G.Pr., N.	Würzburg A.	14.3.59 Rödelmaier (U.Fr.)	k	81
Dr. Stemplinger Eduard, G.L.	München M.	6.1.70 Plattling	k	93
Stengel Karl, Frhr. v., G.Pr., M.	München M.	14.9.58 Donauwörth	k	80
Dr. Stettner Thomas, G.Pr.	München M.	15.9.56 Lindau i. B.	pr	80
Dr. Steuerwald Wilhelm, G.Pr., N.	München R.	6.1.45 Gauersheim (Pfalz)	pr	74
Dr. Stich Hans, G.R.	Zweibrücken	9.12.54 Nürnberg	pr	76
Stiefel Julius, G.Pr.	Bayreuth	21.6.55 Diebach (M.Fr.)	pr	80
Dr. Stocker Max, G.A.	Straubing	21.3.75 Bad Reichenhall	k	99
Dr. Stöckel Hermann, G.Pr., Real.	München R.	2.1.56 Volkach (U.Fr.)	k	78
Dr. Stöcklein Johann, G.L.	Schweinfurt	9.12.64 Bischberg (O.Fr.)	k	89
P. Stöhr Ernst, O.S.B., G.L.	Augsburg St.	13.11.64 Bamberg	k	91
Dr. Stöhsel Karl, G.Pr., N.	Neustadt a. d. H.	6.7.61 Offenbach (Pf.)	pr	83
Stopper Friedrich, G.L.	Speyer	29.3.57 München	k	86
Dr. Straub Johann, G.R.	Aschaffenburg	10.6.50 Etzlensberg (Schw.)	k	76
Strauß Georg, G.Pr., M.	Landau	22.10.48 Gremheim (Schw.)	k	73
Strauß Johann, G.A.	Grünstadt	30.5.75 Landau (Pfalz)	k	00
Dr. Strehl Karl, G.L., M.	Erlangen	30.4.64 Bayreuth	pr	87
Streib Wilhelm, G.A.	Regensbg. A.	10.4.75 Ditterswind (U.Fr.)	pr	99
Dr. Streifinger Joseph, Pr., G.Pr.	Regensbg. N.	26.2.49 Ramling (N.B.)	k	77
Dr. Ströbel Eduard, G.Pr.	München Lp.	4.7.60 Leutershausen (M.Fr.)	pr	81
Dr. Stroh Hans, G.A.	Augsburg St.	24.1.76 Stadtsteinach	k	00
Stubenrauch Franz Xaver, G.L.	Freising	20.10.71 Bogen	k	93
Stürtz Lorenz, G.L.	Dinkesbühl	15.1.62 Offenbach (Pfalz)	k	91
Dr. Stuhl Kaspar, G.Pr.	Münnerstadt	26.12.57 Kleineibstadt (U.Fr.)	k	81
Stummer Adam, G.Pr.	Würzburg A.	20.3.60 Pfaffendorf (O.Fr.)	k	82
Dr. Stumpf Philipp, G.R.	Ludwigshafen	2.6.55 Regensburg	k	76
Dr. Sturm Johann Baptist, G.Pr.	Kaiserslautern	12.9.54 Rüdesheim a. Rh.	k	78

— 75 —

Erste Anstellung als				Besondere Bemerkungen
Gymnasiallehrer (Studienlehrer) (Reallehrer) wann? wo?	Gymnasialprofessor oder Rektor e. Progymn. wann? wo?	Konrektor (Studienrat) wann? wo?	Gymnasial- rektor wann? wo?	
1887 Metten	—	—	—	
16.8.88 Kitzingen	1.1.04 Regensburg N.	—	—	
—	—	—	—	
1.8.88 Memmingen 1.1.00 Windsbach	1.1.99 Augsburg R.	—	—	
1.10.78 Dillingen	1.7.92 Regensbg. A.	—	1.9.03 Günzburg	Inhaber der Ludwigs- medaille für Kunst u. Wissenschaft.
1.1.99 Rosenheim	—	—	—	Lehrer f. Naturkunde.
1.10.75 Regensburg 1.3.86 Würzburg A. 1.9.99 Würzburg N. 1.6.88 Ansbach	16.4.88 Regensburg 1.7.98 Würzburg A. 1.7.98 München M.	1.9.04 Regensbg. A.	—	
1.1.86 Nürnberg 15.3.78 München R. 1.9.78 Zweibrücken	1.7.96 München M. 1.7.92 München R. 1.7.92 Zweibrücken	—	1.9.02 Zwei- brücken.	
1.1.88 Germersheim	16.8.02 Bayreuth	—	—	Lehrer der Stenogr.
1.6.81 München R. 1.10.94 Dillingen	1.6.98 München R.	—	—	
1.11.91 Augsburg St. 16.8.89 Kaufbeuren R. 1.9.96 Speyer 1.11.77 Kitzingen	1.7.00 Neustadt a. H. 1.7.92 Aschaffenburg	—	1.9.03 Aschaffenburg	Lehrer der Stenogr. Gepr. Turnlehrer.
1.6.76 Landau	1.9.95 Landau	—	—	Inh. der Kriegsdenk- münze 70/71 f. Komb. KWEM, LD II.
1.9.94 Weißenburg i. B.	—	—	—	
16.9.80 Amorbach 16.4.88 Kaiserslaut.	1.7.94 Regensbg. N. 1.8.97 Nördlingen	—	—	
1.9.99 Hafsfurt	—	—	—	
1.9.98 Dinkelsbühl 1.5.88 Burghausen 1.5.88 Würzburg A. 20.4.79 Bamberg 1.1.85 Speyer	1.7.00 Münnerstadt 1.7.98 Münnerstadt 16.9.92 München M. 1.9.95 Kaiserslautern	—	1.9.02 Ludwigshafen	Hauptmann a. D. LD I. Kl.

Namen der Lehrer a) Geschlechtsname, b) Vorname, c) Stellung, d) Bezeichnung des Faches für die Fachlehrer	Anstalt, an welcher gegenwärtig tätig	Geboren wann? wo?	Konfession	Jahr des Hauptkonkurs. 2. Prüfungsabschn.
Dr. Sturm Joseph, G Pr.	Würzburg N.	13.10.55 Rüdesheim	k	79
Dr. Stutzenberger Anton, G.A.	Zweibrücken	10.12.77 München	k	00
Summa Wilhelm, G.Pr.	Lohr	15.6.65 Schwabach	pr	89
Tavernier Karl, G.L.	Neustadt a. H.	10.12.66 Annweiler	pr	91
Thannheimer Joseph, G.Pr.	Lohr	27.9.54 Tiefenbach (Schw.)	k	79
Dr. Thielmann Philipp, G.R.	Nürnberg A.	9.5.53 Kaiserslautern	pr	75
Dr. Thomas Robert, G.Pr.	Regensbg. A.	31.10.66 Hof	pr	88
Thürauf Friedrich, G.L.	Windsbach	16.11.71 Mitteldachstetten	pr	98
Thurmayr Ludwig, G.A.	München Th.	13.6.78 Essenbach (N B.)	k	02
Todt Heinrich, S.R.	Homburg	16.5.49 Tauberscheckenbach	pr	71
Traeger Franz Xaver, G.L.	Landshut	27.10.69 Tuching	k	94
Treppner Max, G.Pr., R.	Würzburg R.	25.12.56 Würzburg	k	—
Treuner Moritz, G.L.	Bamberg N.	21.2.39 Bayreuth	pr	60
Dr. Tröger Gustav, G.L.	Regensbg. A.	14.6.71 Bayreuth	pr	93
Trottler Joh. Bapt., G.A., M.	Schwabach	6.6.78 Kleinlellenfeld	k	02
Dr. Tüchert Alois, G.Pr., N.	Straubing	25.12.59 Speyer	k	80
Türk Georg, G.Pr.	Nürnberg N.	10.9.60 Bayreuth	pr	82
Uebel Friedrich, G.Pr.	Nürnberg A.	13.7.58 Hof	pr	80
Ullrich Friedrich, G.L.	Würzburg N.	13.2.73 Mernes (Hess.-Nass.)	k	97
Ullrich Joh. Bapt., G.Pr.	Nürnberg N.	2.5.62 München	pr	85
Ulsamer Andreas, G.Pr.	Dillingen	3.6.55 Güntersleben (U.Fr.)	k	78
Dr. Ungemach Heinrich, G.Pr., N.	Regensbg. N.	6.2.61 Münnerstadt	k	84
Ungewitter Johann, G.Pr.	Dillingen	21.4.58 Billenhausen (Schw.)	k	83
Unkelbach Fritz, G.A.	Kaiserslautern	29.6.78 Frankenthal	pr	00
Unruh Friedrich, G.L.	Pirmasens	12.3.59 Wilgartswiesen (Pf.)	pr	86
Unterseher Ludwig, G.A.	Amberg	22.5.78 Schönbrunn (M.Fr.)	k	02
Unterstein Karl, Pr., G.Pr., R.	Straubing	5.2.64 Falkenberg (O.Pf.)	k	—
Dr. Urlichs Heinrich Ludwig, G.Pr.	München W.	14.2.64 Würzburg	pr	85
Dr. Vasold Jakob, G.L.	München Th.	9.4.69 Lautenbach (O.Fr.)	k	93
Vierheilig Michael, G.Pr.	Lohr	27.9.51 Kleineibstadt	k	79
Völcker Valentin, G.R.	Schweinfurt	27.7.35 Speyer	pt	58
Dr. Vogel Friedrich, G.Pr.	Fürth	1.5.56 Bettwar (M.Fr.)	pr	78
Dr. Vogel Georg, G.L.	Landshut	17.9.70 Eichstätt	pr	93
Vogelsang Ferdinand, G.Pr.	Dillingen	22.1.56 Wallerstein (Schw.)	k	79
Vogeser Joseph, G.A.	Schäftlarn	26.11.76 Rettenbach	k	01
Vogl Georg, G.A.	Regensbg. A.	1.12.79 München	k	03
Vogt Eduard, G.Pr., M.	Würzburg N.	15.10.52 Orb (Hessen-N.)	k	74
Dr. Vogt Martin, G.L.	München Th.	2.1.74 Würzburg	k	98

— 77 —

Erste Anstellung als				Besondere Bemerkungen
Gymnasiallehrer (Studienlehrer) (Reallehrer) wann? wo?	Gymnasialprofessor oder Rektor e. Progymn. wann? wo?	Konrektor (Studienrat) wann? wo?	Gymnasial- rektor wann? wo?	
15.9.86 Würzburg N.	15.5.98 Eichstätt	—	—	Komtur des Päpstl. Greg.O.
1.7.94 Neustadt a. H.	1.9.04 Lohr	—	—	
16.4.98 St. Ingbert 1.5.88 Frankenthal 1.1.77 Speyer 1.9.94 Augsburg A.	— 1.1.04 Lohr 16.4.88 Landau 1.9.03 Regensburg A	— — — —	— 16.4.00 Fürth —	
1.1.02 Windsbach —	—	—	—	
17.11.72 St. Ingbert 1.9.00 Ingolstadt	16.12.83 Homburg —	—	—	LL.
— 19.10.64 Kulmbach 1.9.98 Burghausen	1.1.95 Würzburg R. — —	—	—	LL I.
16.7.84 Zweibrücken 1.1.89 Uffenheim	1.1.98 Straubing 1.1.05 Nürnberg N.	—	—	Zugl. Lehr. f. Naturk.
1.8.86 Hersbruck 1.9.01 Grünstadt(Pf.) 14.94 Zweibrücken 10.10.85 Kirchheimbol.	16.8.02 Nürnberg A. 16.8.02 Nürnberg N. 1.7.00 Dillingen	—	—	Zugl.Fachl. f.Naturk.
1.6.90 Schweinfurt 16.12.90 Dillingen	1.7.00 Schweinfurt 1.9.01 Dillingen	—	—	Gepr.Lehr.d.Stenogr.
— 1.9.94 Pirmasens	—	—	—	
— 1.7.92 München W.	1.7.96 Straubing 15.7.01 Ansbach	—	—	Lehr.d.hebr.Sprache.
1.7.98 Neuburg a D. 16.4.84 Lohr 1.7.60 Kaiserslautern 1.10.83 Zweibrücken	— 1.1.03 Lohr 1.10.72 Kaiserslautern 1.7.94 Nürnberg A.	—	— 1.10.72 Kaiserslautern	Zugl. Lehr. f. Turnen. M 4.
1.9.98 Landshut 16.10.86 Münnerstadt	— 1.6.98 Dillingen	—	—	
1.2.79 Ludwigshafen 1.9.02 München Ld.	1.7.92 Aschaffenburg —	—	—	Gepr. Turnlehrer.

Namen der Lehrer a) Geschlechtsname, b) Vorname, c) Stellung, d) Bezeichnung des Faches für die Fachlehrer	Anstalt, an welcher gegenwärtig tätig	Geboren wann? wo?	Konfession	Jahr des Hauptexamens / 2. Prüfungsabschn.
Dr. Vogt Wilhelm, G.R., Real.	Nürnberg R.	10.8.44 Wassertrüdingen	pr	69
Volk Heinrich, G.Pr.	Regensbg. N.	23.11.51 Mellrichstadt (U.Fr.)	k	77
Dr. Vollmann Franz, G.Pr.	München Lp.	16.2.58 Lautrach (Schw.)	k	81
Vollmann Gustav, G.Pr.	Bamberg N.	1.4.54 München	k	77
Vollnhals Wilhelm, G.L.	Amberg	26.12.70 Hohenkemnath (O.Pf.)	k	92
Vonlohr Karl, S.R.	Annweiler	18.9.53 Neustadt a. S.	k	78
Dr. Wagner August, G.Pr.	Passau	7.6.55 Passau	k	78
Dr. Wagner Heinrich, G.L.	Aschaffenbg.	3.9.69 Würzburg	k	92
Wahler Andreas Franz, G.L.	München Ld.	31.3.72 Fuchsstadt (U.Fr.)	k	96
Wakenhut Friedrich, Rektor.	Hersbruck	17.7.66 Kirchheim (Baden)	pr	91
Dr. Waldmann Michael, G.Pr., N.	München W.	17.7.54 Untrasried (Schw.)	k	79
Waldvogel Johann, K.R., M.	München W.	18.10.47 Wertach (Schw.)	k	71
Walter Friedrich, G.Pr.	Regensbg. N.	16.8.62 Ingolstadt	k	83
Walter Primus, G.L., N.	Dillingen	8.6.70 Gebenbach (O.Pf.)	k	97
Waſsner Ludwig, G.Pr.	Passau	1.5.61 Nürnberg	k	82
Dr. Weber Friedrich, G.L.	München M.	13.8.71 Erlangen	pr	94
Dr. Weber Joh. Baptist, G.L.	Neuburg a. D.	1.3.70 Schweinfurt	k	93
Weber Karl, G.A.	Augsburg St.	28.1.78 München	k	02
Weber Max, G.Pr.	Würzburg A.	7.11.52 Heidingsfeld	k	76
Dr. Weber Philipp, K.R.	Aschaffenbg.	29.9.48 Aschaffenburg	k	72
Dr. Wecklein Nikolaus, O.St.R., G.R.	München M.	19.2.43 Gänheim (U.Fr.)	k	65
Weger Gustav Adolf, Rektor.	Wunsiedel	16.1.45 Memmingen	pr	73
Dr. Weigl Ludwig, G.A.	Aschaffenbg.	28.3.77 München	k	00
Dr. Weiherer Otto, Pr., G.Pr., R.	Passau	1.12.60 Triftern (N.B.)	k	—
P. Dr. Weihmayr Walter, OSB, G.R.	Augsburg St.	12.11.60 Zusmarshausen	k	86
Weikl Joseph, G.L.	Bamberg N.	8.3.67 Regensburg	k	90
Weinberger Franz, G.Pr., M.	Burghausen	15.8.49 Ledersberg (N.B.)	k	73
Weinisch Karl, G.L., Z.	München Ld.	4.1.60 Hof	k	82
Weinmann Robert, G.A.	Hersbruck	30.5.76 Oberstaufen	pr	01
Weinthaler Franz, G.Pr., N.	Augsburg R.	28.1.54 Schöllnach (N.B.)	k	77
Weiſs David, G.Pr.	Speyer	23.4.60 Eppstein (Pf.)	pr	84
Weiſs Georg, G.A.	Schwabach	7.4.76 Alteglofsheim (O.Pf.)	k	01
Weiſs Joseph, G.L.	Aschaffenbg.	17.3.66 Hepberg (O.B.)	k	90
Dr. Weiſs Theodor, G.L.	Pirmasens	15.10.76 Speyer	pr	99
Dr. Weiſsenbach Friedrich, G.L.	Traunstein	2.2.72 Pfersee (Schw.)	k	96
Dr. Weiſsenberger Burkard, G.Pr.	Günzburg	19.11.63 Güntersleben (U.Fr.)	k	89
Dr. Weiſsmann Karl, G.L.	Schweinfurt	2.9.69 Enkenbach (Pf.)	pr	92
Weitnauer Karl, G.L., N.	Hersbruck	8.8.74 Kempten	pr	98
Welzel Christian, G.L.	Hof	4.11.59 Selb (O.Fr.)	pr	84

— 79 —

Erste Anstellung als					Besondere Bemerkungen
Gymnasiallehrer (Studienlehrer) (Reallehrer) wann? wo?	Gymnasialprofessor oder Rektor e. Progymn. wann? wo?	Konrektor (Studienrat) wann? wo?	Gymnasialrektor wann? wo?	
27.6.70 Weißenburg i. B.	16.10.77 Augsburg R.	—	1.9.95 Nürnb. R.	M 4.
1.12.80 Günzburg	1.1.00 Regensburg N.		—	
1.5.88 Regensburg A.	1.7.98 Regensburg A.	—	—	
16.9.81 Weißenburg i. B.	1.7.00 Bamberg N.	—	—	Zugl. Lehr. f. Naturk.
1.7.98 Dillingen	—		—	
1.8.86 Annweiler	16.9.95 Annweiler	—	—	
1.9.84 Edenkoben	1.6.95 Passau	—	—	
16.12.96 Aschaffenbg.	—		—	
1.7.00 Hof	—	—	—	Lehrer für Naturk.
16.10.94 Hersbruck	1.10.02 Hersbruck	—	—	
1.10.83 Würzburg R.	1.1.95 Regensburg A.	—	—	AM.
1.10.73 Weiden R.	1.4.83 Aschaffenburg	1.9.04 München W.	—	
16.8.89 Burghausen	1.1.99 Speyer		—	
15.9.02 Dillingen	—	—	—	LL I.
1.7.92 Passau	1.1.05 Passau	—	—	Zugl. Lehr. f. Naturk.
16.11.98 Neustadt a. H.	—	—	—	Gepr.Lehr.d.Stenogr.
1.9.99 Forchheim	—	—	—	Zugl. Lehr. f. Naturk.
—				
1.1.79 Blieskastel	10.9.99 Lohr	—	—	
16.10.75 Speyer	10.10.87 Speyer	1.10.04 Aschaffenbg.	—	Mitgl. d.Ob.Sch.R., d. K.B.Ak.d.W. — M 3.
1.4.69 München M.	1.10.73 Bamberg		10.10.82 Passau	
1.6.74 Windsheim	1.5.95 Wunsiedel	—	—	
—	16.9.04 Passau	—	—	Fachlehr. f. hebr. Spr.
1.11.87 Augsburg St.	1.10.89 Augsburg St.	—	1.12.04	Lyzealprofessor.
16.9.96 Günzburg	—	—	—	
1.12.75 Passau R.	1.9.93 Burghausen	—	—	
1.7.00 München Ld.	—	—	—	
16.12.78 Bayreuth R.	1.1.97 Augsburg R.	—	—	
1.11.91 Kempten	1.9.00 Speyer	—	—	
—				
1.7.96 Pirmasens	—			
1.9.03 Pirmasens	—	—	—	
10.10.00 Edenkoben	—	—	—	Zugl.Lehr. f. Stenogr.
1.7.94 Straubing	1.10.03 Günzburg	—	—	
1.1.98 Schweinfurt			—	
1.1.05 Hersbruck		—	—	
16.4.93 Öttingen				

Namen der Lehrer a) Geschlechtsname, b) Vorname, c) Stellung, d) Bezeichnung des Faches für die Fachlehrer	Anstalt, an welcher gegenwärtig tätig	Geboren wann? wo?	Konfession	Jahr des Hauptkonkurs./2. Prüfungsabschn.
Welzhofer Karl, G.R.	Straubing	10.10.48 Donauwörth	k	71
Dr. Wendler August, G.L., M.	München Th.	5.5.73 Nürnberg	pr	96
Dr. Weninger Anton, G.Pr.	München Lp.	26.6.58 Diessen (O.B.)	k	81
Werr Georg, G.Pr., N.	Ingolstadt	13.7.60 Bamberg	k	83
Westerich Adolf, Insp. a. Koll. St. A.	Augsburg A.	19.1.76 Harberg (O.B.)	pr	00
Dr. Widemann Joseph, G.L., beurl.	München Lp.	21.5.70 Regensburg	k	92
Wiehl Hermann, G.A.	Würzburg A.	20.3.77 München	k	00
Dr. Wieleitner Heinrich, G.L., M.	Speyer	31.10.74 Wasserburg	k	97
Dr. Wild Georg, G.Pr.	Regensburg A.	15.9.57 Passau	k	80
Dr. Will Johann, G.A.	Forchheim	12.1.77 Bamberg	k	00
Will Philipp, G.Pr. .	Freising	15.6.55 Weismain (O.Fr.)	k	76
Willer Richard, G.A.	Landshut	30.4.79 Weidenberg (O.Fr.)	k	01
Dr. Wimmer Bartholomäus, G.Pr., M.	Freising	5.5.60 Innach	k	84
Wimmer Franz Paul, G.A., M.	München Ld.	22.2.78 Vohenstrauſs (O.Pf.)	k	01
Wimmer Georg, G.L., Real.	München R.	14.4.67 Loitzenkirchen (N.B.)	k	94
Winter Albert, G.Pr.	Regensbg. N.	20.1.56 Neuburg a. D.	k	78
Dr. Winter Franz Anton, G.A.	Burghausen	11.7.76 Babenhausen (Schw.)	k	00
Dr. Winter Martin, Pr., G.Pr., R.	München Th.	14.7.62 Rauhenstein (O.Pf.)	k	—
Winter Wilhelm G.Pr., M.	München W.	6.1.51 Neuburg a. D.	k	73
Wirth Franz, G.L.	Eichstätt	5.4.65 Donnersdorf (U.Fr.)	k	91
Wismeyer Joseph, G.Pr.	München M.	18.10.54 München	k	78
Dr. Wiſsmüller Christ., G.Pr., Real.	Nürnberg R.	15.5.61 Nürnberg	pr	83
Wittig Franz Joseph, Rektor.	St. Ingbert	10.2.62 Limbach (U.Fr.)	k	84
Wittmann Erhard, G.Pr., Z.	Augsburg A.	20.4.61 Ullersricht (O.Pf.)	pr	80
Witzel Christian, G.L.	Neustadt a. H.	12.11.60 Erlangen	k	83
Wölffel Rudolf, G.Pr. .	Bamberg N.	27.1.59 Nürnberg	pr	80
Dr. Wölfle Johann, G.L.	Neuburg a. D.	27.7.67 Ottobeuren	k	91
Wörnhör Johann Ev., Pr., G.Pr., R.	München Ld.	13.1.61 Lauingen	k	—
Dr. Wohlfahrt Theod., G.Pr., St.R., N.	München Lp.	6.10.50 Würzburg	k	73
Wolf Karl,[1]) G.L.	Dillingen	3.9.76 Regensburg	k	99
Wolff Christoph, G.Pr., M.	München M.	4.5.58 Dinkelsbühl	pr	80
Wolffhardt August, G.Pr., M.	Nürnberg A.	4.11.57 Willmars (U.Fr.)	pr	79
Dr. Wolfram Ludwig, G.Pr.	Bamberg A.	9.7.59 Passau	pr	81
Wollenweber August, G.Pr.	Bamberg N.	10.2.55 Pommersfelden (O.Fr.)	pr	80
Wollner David, G.Pr.	Landau	21.2.53 Hof	pr	76
Wucherer Friedrich, G.L.	Bamberg A.	8.3.71 Kleinweisach (O.Fr.)	pr	93
Dr. Wüst Ernst, G.L.	Dillingen	17.3.75 Balgheim (Schw.)	pr	97*
Dr. Wunderer Karl, G.Pr.	Erlangen	11.2.59 Schwabach	pr	81
Dr. Wunderer Ad. Wilh., G.Pr.	München W.	20.12.62 Erlangen	pr	84
Wurm Adolf, G.L.	Freising	17.6.72 Aschaffenburg	k	93
Wurm Karl, G.Pr.	Landshut	14.8.52 Tölz	k	76

Erste Anstellung als				Besondere Bemerkungen
Gymnasiallehrer (Studienlehrer) (Reallehrer) wann? wo?	Gymnasialprofessor oder Rektor e. Progymn. wann? wo?	Konrektor (Studienrat) wann? wo?	Gymnasial- rektor wann? wo?	
1.10.73 München Ld.	25.9.85 München Ld.	—	1.9.95 Straubing	M 4
1.9.98 Windsbach	—	—	—	
16.10.86 Lindau	1.1.98 Burghausen	—	—	Lehrer für Stenogr., Hauptm. a. D., LD I
93 Ingolstadt R.	1.9.01 Ingolstadt	—	—	
—	—	—	—	
1.10.97 Dillingen	—	—	—	
—	—	—	—	
1.1.00 Speyer	—	—	—	
1.8.86 Regensburg N.	1.7.96 Dillingen	—	—	
—	—	—	—	
25.9.80 Burghausen	1.11.93 Neuburg a. D.	—	—	
—	—	—	—	
1.5.92 Bamberg	16.4.01 Freising	—	—	
—	—	—	—	Lehrer für Naturk.
16.2.99 Freising R.	—	—	—	LL, LD II.
9.9.83 Germersheim	15.9.95 München Ld.	—	—	
—	16.10.93 Dillingen	—	—	
15.9.75 Kaiserslautern R.	15.9.86 Regensburg A.	—	—	Lehrer für Naturk.
16.4.98 Eichstätt	—	—	—	Zugl. Lehr. f. Naturk.
1.6.84 Passau	1.1.95 München M.	—	—	
1.1.92 Nürnberg R.	1.9.02 Kaiserslautern Ind.	—	—	
16.9.93 Pirmasens	1.10.04 St. Ingbert	—	—	LL a. D., gepr. Lehr. der Stenogr.
1.7.00 Augsburg A.	1.1.05 Augsburg A.	—	—	
1.7.92 Grünstadt	—	—	—	Lehrer für Naturk.
1.8.86 Nürnberg	1.7.00 Bamberg N.	—	—	
1.10.95 Neuburg a. D.	—	—	—	Zugl. Lehr. d. Hebr.
—	1.9.00 München Ld.	—	—	Hofstiftskanonikus.
1.9.87 München Lp.	1.6.90 München Lp.	1.1.05 München Lp.	—	LL a. D., Denkm. I 70/71, LD II, KWEM, AM v. 89—94.
1.10.03 Dillingen	—	—	—	
1.6.88 Erlangen	1.7.98 München M.	—	—	¹) Zugl. Fachlehrer f. Stenographie.
31.3.88 St. Ingbert	1.9.00 Nürnberg A.	—	—	
1.8.88 Nördlingen	1.7.00 Zweibrücken	—	—	
1.2.87 Kulmbach	16.8.02 Bamberg N.	—	—	Zugl. Lehr. f. Naturk.
1.12.78 Landau	1.6.96 Kirchheimbolanden	—	—	
1.9.98 Windsbach	—	—	—	OR, LD II, z. L.f.Sten.
1.9.01 Dillingen	—	—	—	LR.
1.5.88 Erlangen	1.1.98 Zweibrücken	—	—	OL a. D., LD II.
1.8.90 Würzburg	16.4.00 Landau	—	—	HL I.
1.7.98 Edenkoben	—	—	—	
16.9.82 Günzburg	1.7.00 Landshut	—	—	

Namen der Lehrer a) Geschlechtsname, b) Vorname, c) Stellung, d) Bezeichnung des Faches für die Fachlehrer	Anstalt, an welcher gegenwärtig tätig	Geboren wann? wo?	Konfession	Jahr des Hauptkonkurs, 2.Prüfungsabschn.
Zahler Franz Xaver, G.L., Z.	München M.	29.1.64 Billenhausen (Schw.)	k	86
Zametzer Joseph, G.Pr., M.	München Lp.	20.10.60 Bamberg	k	82
Zehelein Albert, G.L.	Miltenberg	23.4.70 München	k	93
Zeller Joseph, G.L.	Bergzabern	27.7.58 Aich (O.B.)	k	86
Zellerer Joseph, G.A.	Straubing	29.12.76 Rohrbach (O.Pf.)	k	00
Zellfelder Theodor, G.L.	Neustadt a. A.	31.7.74 Werneck (U.Fr.)	pr	98
Zierer Georg, G.Pr., M.	Passau	18.7.50 Regensburg	k	75
Dr. Zimmerer Heinrich, G.Pr.	Ludwigshafen	12.7.60 Furth i. W.	k	82
Dr. Zimmermann Hugo, G.A., N.	Nürnberg R.	10.11.77 Nürnberg	pr	01
Dr. Zink Karl, G.Pr.	Nürnberg A.	6.2.56 Altdorf (M.Fr.)	pr	76
Dr. Zink Michael, G.R.	Amberg	31.3.38 Untertheres (U.Fr.)	k	61
Zinner Johannes, S.R.	Feuchtwangen	6.3.62 Erlangen	pr	84
Zinsmeister Hans, G.L.	Kusel	28.9.75 Reinhartshausen (Schw.)	k	98
Dr. Zipperer Wilhelm, G.R.	Münnerstadt	18.12.47 München	k	73
Dr. Zistl Max, G.Pr., M.	München R.	29.10.59 Schöllnach (N B.)	k	82
Zopf Max, G.Pr.	Kitzingen	27.5.58 Dinkelsbühl	k	82
Zorn Max, G.Pr.	Weißenburg i. B.	26.9.49 Tauberzell (M.Fr.)	pr	73
Dr. Zott Alois, G.Pr., M.	Landshut	8.7.56 Bergheim (Schw.)	k	83
Zucker Adolf, G.Pr.	Nürnberg N.	1.7.48 Breitenau (M.Fr.)	pr	73
Zwanziger Karl Hermann, G.Pr.	Bayreuth	19.8.45 Sommerhausen (U.Fr.)	pr	69
Zwerenz Johann, G.A.	Würzburg A.	21.12.77 Regensburg	k	01
Dr. Zwerger Max, G.Pr., M.	Würzburg N.	2.7.57 München	k	80

Erste Anstellung als				Besondere Bemerkungen
Gymnasiallehrer (Studienlehrer) (Reallehrer) wann? wo?	Gymnasialprofessor oder Rektor e. Progymn. wann? wo?	Konrektor (Studienrat) wann? wo?	Gymnasial- rektor wann? wo?	
1.10.00 Freising 1.6.90 Bayreuth 1.12.99 Miltenberg 1.9.94 Bergzabern	— 1.1.99 München Lp. — —	— — — —	— — — —	AM.
15.8.02 Neustadt a. A. 1.4.78 Weiden R. 1.5.88 Bamberg	— 1.7.94 Passau 1.9.98 Ludwigshafen —	— — —	— — —	Korr. Mitgl. d. Geogr. u. Orient.Ges.München u. d. Deutsch- asiat. Ges. Berlin. Lehrer des Ital.
25.9.80 Hof 16.10.65 Würzburg 16.9.92 Feuchtwangen 1.9.04 Kusel	16.9.93 Schweinfurt 1.10.74 Zweibrücken 1.1.04 Feuchtwangen —	— — — —	— 1.8.86 Amberg — —	M 4.
1.10.75 Würzburg 16.7.90 Dillingen 1.7.92 Kirchheimbolanden 10.10.74 Weißenburg i. B.	15.9.86 Würzburg N 1.1.99 Straubing 1.1.05 Kitzingen 1.1.01 Weißenburg i. B.	— — — —	1.9.98 Münnerstadt — — —	Denkm. 70/71 f. Komb. KWEM.
1.7.92 Landshut 15.4.74 Fürth 1.10.74 Nürnberg	1.7.00 Straubing 1.1.90 Nürnberg N. 18.7.86 Neustadt a. H.	— — —	— — —	LL. a. D., LD. II.; Denkm. 70/71.
16.9.86 Würzburg N.	16.11.97 Aschaffenburg	—	—	

III.

Verzeichnis der Lehrer

nach den Konkursjahren.

Vorbemerkung:

In den einzelnen Konkursjahren sind die Namen der Lehrer nach dem Alphabete geordnet.

---

1. Philolog.-histor. Fächer.

(* = protestantisch.)

a) Oberstudienräte.

Konkursjahr	Namen	Anstalt, an welcher jetzt tätig	Gymnasial-			Oberstudienrat wann?
			Lehrer wann?	Professor wann?	Rektor wann?	
57	Bergmann Adam	Würzburg N.	16. 4.60	16.11.71	1.10.77	1. 1.01
59	Dr. Arnold Bernhard Ritter von	München W.	16.10.62	1. 1.72	16.11.76	28.12.97
	Klüber Rudolf	Bamberg A.	1.10.62	1.11.72	10. 9.79	21.12.02
64	Müller Jakob*	Neustadt a. H.	9. 1.66	1.10.80	1.10.80	1. 1.05
65	Dr. Wecklein Nikol.	München M.	1. 4.69	1.10.73	10.10.82	1. 1.99
71	Gerstenecker Johann	Regensburg A.	1.10.74	1. 8.86	16. 9.92	1. 1.05
78	Dr. Orterer Georg Ritter von	München Lp.	1.10.75	16.12.86	16. 9.92	1. 1.04

b) Gymnasialrektoren.

	Namen	Anstalt	Lehrer wann?	Professor wann?	Rektor wann?
58	Völcker Valentin*	Schweinfurt	1. 7.60	1.10.72	1.10.72
60	Dr. Deuerling Andr.	Burghausen	1.10.64	1.10.75	25. 9.85
	Hofmann Karl*	Augsburg A.	16. 1.61	16. 4.76	16. 9.92
	Schmitt Andreas	Bamberg N.	1.10.64	1.10.74	1. 1.81
61	Dr. Zink Michael	Amberg	16 10.65	1.10.74	1. 8.86
64	Dr. Ohlenschlager F.	München Ld.	1. 2.69	1. 9.78	1. 9.87
66	Miller Max	Rosenheim	1.10.71	1. 8.86	1. 9.96
68	Dr. Schmidt Friedr.*	Bayreuth	1.10.72	1. 8.86	1. 9.98
71	Dietsch Karl*	Erlangen	16. 3.72	1. 8.86	1. 9.94
	Hasenstab Benedikt	München K. K.	1.10.73	16. 6.84	16. 9.93
	Welzhofer Karl	Straubing	1.10.73	25. 9.85	1. 9.95
72	Mayer Friedrich*	Nürnberg N.	1. 2.75	1. 9.87	1.11.99
	Pfluegl Franz Xaver	Eichstätt	1.10.75	1.10.87	16. 5.98
73	Dr. Gött Georg	Ingolstadt	1. 1.77	16. 4.88	1. 9.98
	Hammer Kaspar	Würzburg A.	16. 8.74	1. 1.88	1. 9.98
	Dr. Helmreich G. *	Ansbach	1.10.75	15.10.88	16.10.99
	Nicklas Johannes*	München Th.	1.10.76	1. 4.88	1. 9.96
	Reifsermayer Jakob	Landshut	1.10.76	1. 1.89	1. 4.99
	Dr. Scheibmaier Jos.	Freising	1. 1.77	1. 3.89	16.10.99
	Dr. Zipperer Wilh.	Münnerstadt	1.10.75	15. 9.86	1. 9.98
74	Dr. Degenhart Joseph	Speyer	1.10.77	1. 9.90	1.12.99
	Dr. Hellmuth Herm.*	Hof	1. 1.77	14. 6.90	1. 9.01
	Dr. Patin Alois	Regensburg N.	16. 9.77	16. 9.90	1. 9.00
75	Fehlner Albert	Lohr	4. 4.78	1. 7.92	1. 9.02
	Loesch Karl*	Kaiserslautern	16. 9.77	1. 7.92	1. 9.02
	Dr. Steinberger Alf.	Günzburg	1.10.78	1. 7.92	1. 9.03
	Dr. Thielmann Phil.*	Nürnberg A.	1. 1.77	16. 4.88	16. 4.00
76	Ehrlich Franz	Weiden	10.10.78	1. 7.92	1. 9.04
	Dr. Englert Sebastian	Dillingen	1.10.80	1. 1.94	1. 9.03
	Dr. Preufs Siegm.*	Fürth	15.11.77	15. 9.92	1.10.01
	Dr. Seibel Max Georg	Passau	1. 9.78	1. 7.92	16.10.02

Konkursjahr	Namen	Anstalt, an welcher jetzt tätig	Gymnasial-Lehrer wann?	Professor wann?	Rektor, Konrektor (Studienrat) wann?
76	Dr. Stich Hans*	Zweibrücken	1. 9.78	1. 7.92	1.
	Dr. Straub Johann	Aschaffenburg	1.11.77	1. 7.92	1.
	Dr. Stumpf Philipp	Ludwigshafen	20. 4.79	16. 9.92	1.
77	Hoferer Maximilian	Kempten	1.12.81	1. 7.94	1.1
	Dr. Reich Heinrich W.*	Landau	1. 4.80	1. 7.94	1.19.02
	Dr. Rück Karl	Neuburg a/D.	1. 1.81	1. 7.94	1. 6.0?
83	P. Geiger Godeh., OSB.	Metten	84		91
86	P.Dr.WeihmayrW.,OSB.	Augsburg St.	1.11.87	1.10.89	1.12.04

c. Konrektoren (Studienräte).

	Namen	Anstalt	Lehrer	Professor	Konrektor
61	Nusch August*	Speyer	23. 1.63	10.10.76	11. 8.04
63	Dr. Feeser Nikolaus	Würzburg N.	20.11.65	1. 9.78	11. 8.04
64	Obermaier Anton	Regensburg A.	1.10.70	16. 7.84	11. 8.04
	Osthelder Georg	Neustadt a. H.	4. 6.66	15. 9.82	1. 1.05
65	Kraufs Ludwig*	Nürnberg A.	9. 2.67	1.10.83	1. 9.04
66	Grofs Eduard*	Nürnberg N.	1.10.69	1. 1.85	1. 9.04
67	Dr. Ebrard Wilhelm*	Nürnberg A.	15. 4.73	1. 9.85	1. 1.05
	Heid Martin	München Ld.	15. 4.71	1. 4.83	1. 1.05
68	Brunner August	München Lp.	1.10.72	15. 9.84	1. 9.04
	Meinel Georg*	Kempten	15. 3.71	1. 9.85	1. 1.05
72	Drechsler Michael	Würzburg N.	15. 4.76	1. 5.88	1. 9.04
	Steinmetz Gg. August*	Regensburg A.	1.10.75	16. 4.88	1. 9.04
	Dr. Weber Philipp	Aschaffenburg	16.10.75	10.10.87	1.10.04
73	Obermeier Joseph	München Th.	1. 4.75	16.10.88	11. 8.04
	Osberger Georg*	Bayreuth	11.11.74	1. 5.91	1. 9 04
	Senger Joseph	München Ld.	1.10.75	16. 8.88	1. 9.04
74	Dr. Birklein Franz	Bamberg N.	1.10.77	1. 5.91	1. 9.04
75	Fink Joseph	Passau	1. 1.77	16. 9.92	1. 9.04
	Flessa Ferdinand	Amberg	1. 1.77	1.11.91	1. 9.04
	Groebl Joh. Nep.	Dillingen	1. 4.77	1. 7.92	1. 9.04
	Dr. Keiper Philipp*	Regensburg N.	15.10.76	25. 9.89	1. 9.04
	Lang Otto	Freising	15.10.76	1. 1.92	1. 9.04

d) Gymnasialprofessoren (Rektoren von Progymnasien, Subrektoren).

Konkursjahr	Namen	Anstalt, an welcher jetzt tätig	Gymnasial-Lehrer wann?	Professor wann?
59	Binhack Franz Xaver	Passau	1. 10. 63	1. 10. 73
61	Monninger Paul*	Dinkelsbühl	1. 1. 64	6. 7. 95
63	P. Abert Alfons, O. S. A.	Münnerstadt	11. 12. 63	31. 3. 85
	Goetz Leonhard*	Weifsenburg	1. 10. 66	1. 9. 94
64	Koch Alwin*	Frankenthal	16. 10. 66	1. 10. 94
65	Dr. Fleischmann Joh. Karl*	Nürnberg	1. 5. 69	5. 9. 82
	Schiffmann Andreas	Hafsfurt	29. 10. 66	31. 12. 97
67	Böhm Ludwig	Bamberg N.	4. 1. 72	1. 7. 00
	Dr. Reichenhart Emil*	Nürnberg A.	16. 1. 69	1. 1. 86
68	Hornung Christian*	Windsbach	1. 4. 69	1. 9. 98
	Roth Karl*	Dürkheim	2. 3. 72	1. 9. 94
	Schleufsinger August*	Ansbach	1. 12. 74	1. 11. 85
69	Kranfs Eugen*	Uffenheim	1. 11. 69	1. 1. 95
	Pfifsner Joseph	Kaiserslautern	1. 10. 73	1. 1. 99
	Dr. Schmitt Joh. Jos. Herm.	Edenkoben	12. 11. 72	1. 9. 94
	Zwanziger Karl Herm.*	Bayreuth	1. 10. 74	18. 7. 86
70	Dr. Frommann Karl*	Nürnberg N.	7. 2. 74	1. 8. 86
71	Doederlein Friedrich*	Memmingen	16. 11. 72	1. 1. 95
	Düll Eugen*	München R.	1. 3. 75	1. 1. 98
	Füger Joseph	Würzburg N.	9. 12. 72	1. 9. 98
	Pickel Johannes*	Fürth	18. 12. 72	1. 1. 01
	Todt Heinrich*	Homburg	17. 11. 72	16. 12. 83
72	Drescher Johann	Amberg	1. 10. 73	1. 7. 00
	Kern Hans*	Nürnberg N.	31. 10. 72	16. 8. 89
	Leiling Franz Joseph	Bergzabern	23. 4. 73	17. 12. 02
	Dr. Neudecker Georg	Würzburg R.	16. 4. 76	1. 7. 92
73	Abert Franz	Aschaffenburg	1. 4. 77	1. 4. 93
	Baer Leonhard*	Uffenheim	1. 4. 74	1. 1. 01
	Dusch Friedrich	Würzburg N.	16. 11. 75	1. 7. 00
	Emminger Adam	Eichstätt	1. 2. 77	1. 7. 00
	Gürthofer Georg	Freising	8. 10. 76	1. 8. 92
	Hellmuth Clemens	München Ld.	1. 8. 75	16. 4. 88
	Hofmann Michael Joseph	Amberg	1. 10. 76	1. 12. 90
	Liebl Hans	Passau	1. 10. 75	20. 11. 88
	Marx August	Landstuhl	1. 1. 77	1. 1. 77
	Pöllinger Michael	Regensburg A.	1. 10. 76	1. 1. 00
	Roth Friedrich*	Neustadt a. H.	1. 10. 75	28. 3. 88
	Weger Gustav Adolf*	Wunsiedel	1. 6. 74	1. 5. 95
	Zorn Max*	Weifsenburg i. B.	10. 10. 74	1. 1. 01
	Zucker Adolf*	Nürnberg N.	15. 4. 74	1. 1. 90
74	Barthel Jakob	Regensburg N.	1. 10. 77	1. 9. 01
	Brückner Max*	München W.	6. 10. 76	16. 4. 98
	Deschauer Cornelius	Donauwörth	10. 11. 78	1. 9. 95
	Georgii Adolf*	Rothenburg o. T.	1. 1. 77	1. 9. 99
	Hailer Eduard	Freising	1. 8. 75	1. 7. 00
	Hellfritzsch Franz Xaver	Germersheim	1. 10. 75	1. 9. 95
	Dr. Renn Emil	Landshut	1. 9. 75	1. 7. 92
	Schmidt Wilhelm*	Augsburg A.	10. 10. 76	1. 9. 95
75	Dr. Böhner August*	Öttingen	1. 1. 77	1. 9. 94

Konkursjahr	Namen	Anstalt, an welcher jetzt tätig	Gymnasial-Lehrer wann?	Professor wann?
75	Dürnhofer Georg Joseph	Passau	10. 10. 78	1. 1.00
	Ebitsch Franz	Grünstadt	20. 1. 80	1. 9. 97
	Eder Johann	München Lp.	16. 4. 78	1. 7. 92
	Helmsauer Benno	Eichstätt	15. 9. 79	1. 7. 96
	Hoffmann Jakob	Winnweiler	16. 9. 82	1. 9. 01
	Jungwirth Georg	Landshut	1. 11. 76	1. 1. 97
	Dr. Koeberlin Karl*	Augsburg A.	15. 9. 79	1. 7. 94
	Dr. Mayerhöfer Anton	München Th.	1. 12. 79	1. 7. 92
	Meyer Michael	Windsheim	15. 2. 78	1. 9. 94
	Needer August	Rosenheim	1. 10. 80	1. 1. 01
	Dr. Popp Ernst*	Erlangen	10. 10. 76	16. 9. 90
	Raab Karl*	Schwabach	1. 2. 77	1. 1. 05
	Dr. Reichenberger Silvan	Landshut	11. 11. 77	16. 9. 92
	Schneider Ignaz	Bamberg N.	1. 10. 77	1. 9. 97
76	Dr. Bauer Ludwig*	Augsburg A.	1. 12. 78	1. 3. 93
	Baur Karl	Freising	16. 4. 81	1. 7. 94
	Bleicher Joseph	Ingolstadt	16. 9. 80	1. 1. 01
	Eberl Georg	Regensburg A.	15. 9. 82	1. 7. 94
	Eibel Jakob	Würzburg A.	1. 1. 81	16. 3. 94
	Griefsbach Johannes*	Erlangen	25. 9. 80	16. 4. 94
	Haibel Leonhard	Kirchheimboldn.	1. 9. 78	1. 11. 99
	Müller Karl	Landau	10. 11. 82	1. 7. 00
	Dr. Roschatt Alois	Landshut	20. 12. 78	16. 9. 92
	Dr. Ruefs Ferdinand	München Lp.	16. 9. 80	16. 9. 93
	Dr. Schubert Anton	Bamberg A.	20. 9. 82	1. 7. 94
	Stadler Joseph	Ingolstadt	1. 10. 82	1. 1. 02
	Weber Max	Würzburg A.	1. 1. 79	10. 9. 02
	Will Philipp	Freising	25. 9. 80	1. 11. 93
	Wollner David*	Landau	1. 12. 78	1. 6. 96
	Wurm Karl	Landshut	16. 9. 82	1. 7. 00
	Dr. Zink Karl*	Nürnberg A.	25. 9. 80	16. 9. 93
77	Dr. Ammer Engelbert	München Th.	1. 12. 80	1. 7. 94
	Dr. Baier Bartholomäus	Würzburg N.	10. 10. 82	1. 7. 94
	Dr. Brunco Wilhelm*	Bayreuth	16. 10. 81	1. 7. 94
	Bucher Joseph	Traunstein	1. 9. 84	1. 9. 01
	Cammerer Clemens	Burghausen	1. 1. 82	1. 7. 94
	Dr. Ebert Adolf*	Ansbach	1. 2. 80	1. 7. 94
	Eder Max	Münnerstadt	1. 10. 83	1. 7. 00
	Fugger Hans*	Hof	16. 4. 81	1. 7. 94
	Dr. Gebhard Friedrich*	München W.	16. 4. 81	1. 7. 94
	Geyr Theodor	Kempten	1. 1. 85	1. 9. 01
	Herzer Jakob*	Zweibrücken	1. 1. 83	1. 7. 94
	Dr. Landgraf Gustav*	München W.	16. 4. 81	1. 7. 94
	Lommer Franz Xaver	Amberg	16. 9. 81	1. 7. 94
	Mosl Johann Nep.	Landshut	10. 12. 79	1. 7. 94
	Dr. Nusser Johann	Würzburg N.	16. 9. 82	1 6. 94
	Dr. Oertel Hans*	Kaiserslautern	20. 12. 78	1. 9. 99
	Dr. Roetter Eduard*	Landau	10. 12. 82	1. 7. 94
	Dr. Rosenhauer Hans*	Kempten	1. 1. 81	1. 9. 94
	Dr. Scheftlein Hans	Regensburg N.	1. 1. 82	1. 7. 94
	Dr. Streifinger Joseph	Regensburg N.	16. 9. 80	1. 7. 94
	Volk Heinrich	Regensburg N.	1. 12. 80	1. 1. 00

Konkursjahr	Namen	Anstalt, an welcher jetzt tätig	Gymnasial-Lehrer wann?	Professor wann?
77	Vollmann Gustav	Bamberg N.	16. 9. 81	1. 7. 00
78	Böhnke Friedrich*	Bayreuth	10. 10. 85	1. 7. 00
	Dr. Brambs Johann Georg	Eichstätt	1. 1. 83	1. 1. 95
	Braun Johannes*	Bamberg A.	1. 4. 85	1. 7. 00
	Fries Sigmund*	Augsburg A.	20. 5. 82	1. 1. 95
	Dr. Gleitsmann Anton	München R.	15. 9. 81	1. 10. 94
	Hatz Gottlieb*	München W.	16. 7. 84	1. 9. 94
	Heinisch Hans*	Regensburg A.	10. 10. 85	1. 7. 00
	Hildenbrand Friedrich Joh.	Speyer	1. 8. 86	16. 8. 02
	Hussel Karl*	Neustadt a. d. A.	16. 7. 84	1. 9. 94
	Dr. Köhler Albrecht*	Nürnberg A.	16. 9. 82	1. 7. 94
	Dr. Lutz Leonhard	Würzburg N.	15. 6. 84	1. 1. 95
	Meyer Paul*	Hof	16. 7. 84	1. 9. 94
	Michal Karl*	Nürnberg N.	1. 9. 85	1. 1. 95
	Neidhardt Theodor*	Fürth	1. 2. 83	1. 9. 98
	Preis Willibald*	Bayreuth	1. 9. 85	16. 9. 95
	Dr. Reiter Anton	Würzburg N.	1. 4. 83	1. 1. 95
	Richter Joseph	Rosenheim	15. 10. 84	1. 1. 04
	Röckl Sebastian	München M.	15. 9. 83	1. 7. 94
	Dr. Schiller Heinrich*	Fürth	1. 10. 84	1. 9. 96
	Schmid Joseph	Passau	1. 1. 85	1. 7. 96
	Schneidawind Wilhelm	Forchheim	1. 1. 85	1. 9. 97
	Seyfried Karl*	Memmingen	1. 8. 86	1. 1. 02
	Dr. Sturm Johann Baptist	Kaiserslautern	1. 1. 85	1. 9. 95
	Ulsamer Andreas	Dillingen	10. 10. 85	1. 7. 00
	Dr. Vogel Friedrich*	Fürth	1. 10. 83	1. 7. 94
	Vonlohr Karl	Annweiler	1. 8. 86	16. 9. 95
	Dr. Wagner August	Passau	1. 9. 84	1. 6. 95
	Winter Albert	Regensburg N.	9. 9. 83	15. 9. 95
	Wismeyer Joseph	München M.	1. 6. 84	1. 1. 95
79	Dr. Braun Hermann*	Nürnberg A.	1. 6. 85	1. 7. 96
	Dr. Dittmeyer Leonhard	Würzburg N.	16. 9. 84	1. 7. 96
	Ettenreich Ludwig	Rosenheim	1. 11. 87	1. 1. 05
	Griesmaier Georg	Passau	1. 8. 86	15. 12. 96
	Haufsner Andreas*	Nördlingen	1. 12. 85	1. 12. 99
	Dr. Hergt Max	München Th.	1. 8. 86	1. 9. 96
	Kennel Albert*	Speyer	1. 8. 86	1. 9. 96
	Kern Karl*	Kitzingen	16. 10. 86	1. 11. 00
	Dr. Köbert Hermann	München Ld.	1. 8. 86	1. 4. 96
	Lanzinger Friedrich	München W.	25. 9. 85	1. 7. 96
	May Andreas	Germersheim	1. 5. 88	1. 1. 04
	Dr. Ortner Heinrich	Regensburg A.	1. 6. 86	1. 9. 96
	Prestel Franz	Freising	1. 8. 86	1. 4. 96
	Dr. Schaefler Jakob	Rosenheim	1. 1. 86	1. 10. 95
	Schiller Ludwig*	Dinkelsbühl	1. 10. 86	1. 1. 02
	Dr. Schoener Christoph*	Erlangen	15. 9. 84	1. 7. 96
	Seywald Ludwig	Regensburg A.	16. 5. 88	1. 9. 01
	Dr. Sturm Joseph	Würzburg N.	15. 9. 86	15. 5. 98
	Thannheimer Joseph	Lohr	1. 5. 88	1. 1. 04
	Vierheilig Michael	Lohr	16. 4. 84	1. 1. 03
	Vogelsang Ferdinand	Dillingen	16. 10. 86	1. 6. 98
80	Bauer Karl	Speyer	1. 1. 87	1. 10. 97
	Dr. Beckh Heinrich*	Erlangen	1. 10. 87	1. 10. 97

Konkursjahr	Namen	Anstalt, an welcher jetzt tätig	Gymnasial-Lehrer wann?	Professor wann?
80	Brand Eugen	München Ld.	16. 9. 86	1. 10. 96
	Egenolf Joseph	München Lp.	16. 12. 86	1. 7. 96
	Dr. Gückel Martin	Bamberg A.	16. 8. 88	1. 7. 00
	Harl Joseph	Straubing	16. 4. 89	16. 8. 02
	Hoffmann Hermann*	Günzburg	1. 8. 86	1. 9. 00
	Dr. Hoppichler Oskar	Rosenheim	1. 8. 86	1. 9. 96
	Dr. Hüttner Georg*	Augsburg A.	1. 6. 86	1. 7. 96
	Dr. Hufslein Joh. Klemens	Würzburg A.	1. 8. 88	15. 8. 02
	Dr. Kalb Wilhelm*	Nürnberg N.	1. 8. 86	15. 9. 97
	Dr. Kennerknecht Daniel	München M.	1. 8. 86	1. 7. 96
	Krenzer Oskar	Bamberg N.	1. 9. 87	1. 4. 98
	Noder Julius	Kempten	16. 9. 86	16. 8. 02
	Dr. Schinnerer Friedrich*	Regensburg N.	1. 8. 86	1. 10. 97
	Dr. Schmitt Peter	Würzburg A.	1. 8. 86	1. 7. 96
	Dr. Schühlein Franz	Freising	15. 5. 88	16. 8. 02
	Stefl Franz	Regensburg N.	16. 8. 88	1. 1. 04
	Dr. Stettner Thomas*	München M.	1. 1. 86	1. 7. 96
	Stiefel Julius*	Bayreuth	1. 1. 88	16. 8. 02
	Uebel Friedrich*	Nürnberg A.	1. 8. 86	16. 8. 02
	Dr. Wild Georg	Regensburg A.	1. 8. 86	1. 7. 96
	Wölffel Rudolf*	Bamberg A.	1. 8. 86	1. 7. 00
	Wollenweber August*	Bamberg N.	1. 2. 87	16. 8. 02
81	Dr. Bergmüller Ludwig*	Augsburg A.	1. 8. 86	1. 7. 98
	Demling Johann	Aschaffenburg	1. 5. 88	1. 8. 98
	Dr. Diel Heinrich	München M.	25. 10. 87	16. 4. 97
	Flierle Joseph	München M.	1. 1. 88	1. 7. 98
	Dr. Geyer Paul*	Augsburg A.	1. 11. 84	1. 9. 96
	Gürsching Moriz*	Bayreuth	1. 5. 88	1. 1. 04
	Dr. Kraus Friedrich	Passau	1. 5. 88	15. 5. 98
	Meyer Wilhelm*	Schwabach	1. 8. 88	16. 4. 03
	Dr. Praun Hans	München M.	10. 10. 87	1. 9. 97
	Dr. Reisert Karl	Würzburg N.	16. 10. 87	1. 7. 98
	Dr. Rüger Anton	Blieskastel	1. 1. 90	1. 9. 02
	Dr. Ströbel Eduard*	München Lp.	16. 4. 88	1. 8. 97
	Dr. Stuhl Kaspar	Münnerstadt	1. 5. 88	1. 7. 00
	Dr. Vollmann Franz	München Lp.	1. 5. 88	1. 7. 98
	Dr. Weninger Anton	München Lp.	16. 10. 86	1. 1. 98
	Dr. Wolfram Ludwig*	Bamberg A.	1. 8. 88	1. 7. 00
	Dr. Wunderer Karl*	Erlangen	1. 5. 88	1. 1. 98
82	Brandl Joseph	München Lp.	16. 8. 88	1. 7. 98
	Bürkmayr Friedrich	Rosenheim	1. 5. 88	1. 9. 98
	Dr. Burger Friedrich*	München W.	1. 5. 88	1. 9. 98
	Dr. Gollwitzer Theodor*	Kaiserslautern	1. 5. 88	1. 10. 03
	Hartmann Franz Joseph	Regensburg N.	1. 4. 91	1. 1. 05
	Kiefsling Franz	Ingolstadt	1. 11. 90	1. 1. 05
	Künneth Christian*.	Erlangen	16. 5. 88	1. 7. 98
	Laumer Karl	Burghausen	1. 7. 91	1. 3. 02
	Dr. Leipold Heinrich	Regensburg N.	16. 8. 88	1. 9. 98
	Dr. Lell Franz	Würzburg A.	1. 5. 88	1. 7. 98
	Dr. Melber Johann	München M.	1. 10. 87	1. 9. 96
	Dr. Pichlmayr Franz	München Th.	1. 5. 88	1. 9. 98
	Plochmann Friedrich*	Fürth	1. 5. 88	1. 1. 04
	Poiger Rupert	Miltenberg	16. 8. 88	1. 9. 02

Konkursjahr	Namen	Anstalt, an welcher jetzt tätig	Gymnasial-Lehrer wann?	Professor wann?
82	Reffel Heinrich	Würzburg A.	1. 10. 88	1. 7. 98
	Römer Georg	Straubing	14. 5. 90	1. 1. 05
	Roos Wilhelm	Augsburg R.	16. 12. 90	15. 8. 02
	Dr. Schmaus Johann	Bamberg A.	1. 5. 88	1. 7. 98
	P. Schmölzer Hugo, OSB.	Augsburg St.	1. 11. 82	16. 9. 04
	Dr. Spiegel Nikolaus	Würzburg A.	1. 5. 88	1. 7. 98
	Sponsel Heinrich*	Bergzabern	16. 8. 88	1. 9. 04
	Stummer Adam	Würzburg A.	1. 5. 88	1. 7. 98
	Türk Georg*	Nürnberg N.	1. 1. 89	1. 1. 05
	Waſsner Ludwig	Passau	1. 7. 92	1. 1. 05
	Dr. Zimmerer Heinrich	Ludwigshafen	1. 5. 88	1. 9. 98
	Zopf Max	Kitzingen	1. 7. 92	1. 1. 05
83	Dr. Amend Andreas	München Th.	16. 10. 91	1. 7. 00
	Dr. Babl Johann	Lohr	1. 1. 90	1. 9. 99
	Branz Alois	Lindau	16. 9. 90	1. 1 02
	Dr. Gerathewohl Bernhard*	Ansbach	1. 10. 89	15. 10. 99
	Dr. Grünenwald Lukas	Speyer	1. 1. 89	1. 1. 99
	Dr. Günther Karl	Regensburg A.	1. 1. 89	1. 1. 99
	Hacker Friedrich*	Kusel	16. 9. 90	27. 9. 04
	Dr. Hamp Karl	München Th.	1. 10. 89	1. 4. 99
	Heffner Friedrich	München Lp.	1. 7. 92	1. 1. 05
	Dr. Ipfelkofer Adalbert	München Lp.	16. 8. 88	1. 9. 98
	Kaestner Heinrich*	Schweinfurt	1. 3. 92	1. 4. 01
	Kraus Philipp*	Pirmasens	15. 5. 91	1. 4. 01
	Dr. Lindauer Joseph	Freising	1. 7. 90	1. 9. 99
	Dr. Martin Stephan	Würzburg R.	16. 11. 88	1. 1. 99
	Dr. Neff Karl*	München W.	16. 12. 90	1. 9. 00
	Rosenmerkel Wilhelm*	Nürnberg N.	16. 8. 88	1. 1. 99
	Schmid Johann	Kempten	16. 10. 88	1. 1. 99
	Dr. Schneider Heinrich*	Regensburg A.	1. 1. 90	16. 10. 99
	Schwenk Rudolf*	Schweinfurt	16. 8. 89	1. 9. 99
	Sirch Meinrad	Freising	1. 8. 92	16. 4. 03
	Dr. Stadler Hermann	München M.	16. 8. 88	1. 1. 99
	Dr. Steiger Hugo*	Nürnberg A.	1. 8. 88	1. 1. 99
	Ungewitter Johann	Dillingen	16. 12. 90	1. 9. 01
	Walter Friedrich	Regensburg N.	16. 8. 89	1. 1. 99
84	Dr. Ammon Georg	München M.	1. 7. 90	1. 4. 99
	Dr. Doeberl Michael	München K. K.	1. 7. 90	1. 4. 99
	Graf Matthias	Dillingen	1. 7. 92	1. 9. 01
	Dr. Guthmann Wilhelm*	Nürnberg A.	16. 10. 91	1. 1. 01
	Dr. Hammerschmidt Karl*	Speyer	15. 9. 90	1. 7. 00
	Dr. Haury Jakob*	Hof	15. 10. 91	1. 7. 00
	Dr. Hoffmann Karl Friedr.*	Regensburg A.	16. 5. 91	1. 7. 00
	Dr. Kronseder Otto	München Ld.	29. 3. 92	1. 9. 01
	Landgraf Ernst	München K. K.	16. 10. 92	16. 8. 02
	Dr. Littig Friedrich*	München M.	1. 1. 92	10. 10. 00
	Lommer Alois	Straubing	1. 7. 92	1. 9. 00
	Maerkel Johann	München Lp.	1. 7. 92	1. 9. 00
	Dr. Menrad Joseph	München Th.	1. 8. 90	1. 4. 01
	Mühl Albert	Aschaffenburg	19. 11. 91	1. 4. 01
	Paur Hermann	Burghausen	1. 7. 92	1. 9. 02
	Probst Hans*	Bamberg A.	1. 7. 92	1. 4. 01

Konkursjahr	Namen	Anstalt, an welcher jetzt tätig	Gymnasial-Lehrer wann?	Professor wann?
84	von Raumer Sigmund*	Erlangen	16. 9.88	1. 7.00
	P. Scheck Adolf, OSB.	Augsburg St.	1.10.85	15. 9.00
	Schreyer Richard	Burghausen	1. 7.92	1. 9.00
	Dr. Stapfer Augustin	München W.	1. 7.92	16.10.99
	Weiſs David*	Speyer	1.11.91	1. 9.00
	Wittig Franz Joseph	St. Ingbert	16. 9.93	1.10.04
	Dr. Wunderer Ad. Wilh.*	München W.	1. 7.90	16. 4.00
	Zinner Johannes*	Feuchtwangen	16. 9.92	1. 1.04
85	Buttmann Rudolf*	Zweibrücken	1. 7.92	1. 9.01
	Dr. Häfner Ernst Gustav	Amberg	1. 7.92	1. 4.02
	Dr. Hauck Georg	Straubing	1. 7.92	1.10.01
	Lederer Christoph*	Augsburg R.	16. 4.94	1. 9.02
	Mann Ewald*	Ludwigshafen	1. 7.92	1. 9.01
	Dr. Sörgel Hermann*	Augsburg A.	1. 7.92	1. 9.01
	Dr. Urlichs Heinr. Ludwig*	München W.	1. 7.92	15. 7.01
86	Dr. Alzinger Ludwig	Neuburg a. D.	1. 7.92	.1.10.01
	Dr. Doell Matthäus	Eichstätt	1. 7.92	16. 8.02
	Dr. Fronmüller Wilhelm*	Weiden	1. 9.94	1. 9.02
	Georgii Wilhelm*	Nürnberg R.	1. 7.94	15. 9.02
	Hertzog Georg	Amberg	1. 7.92	1. 1.02
	Keppel August*	Schweinfurt	1. 9.94	16. 8.02
	Dr. Knoll Ernst*	Regensburg A.	1. 6.92	1. 4.02
	Dr. Lieberich Heinrich*	Neustadt a. d. H.	1. 7.92	1. 4.02
	Pfirsch Hermann*	Bamberg N.	1. 7.92	1.10.02
	Dr. Pongratz Fr. Xav.	Freising	1. 7.92	1. 9.02
	Schmid Cölestin	Landau	1. 8.92	1. 4.04
	Seiser Edmund	Freising	16.10.92	1. 9.03
87	Dr. Bencker Max*	Günzburg	1. 7.94	15. 8.02
	Dr. Dahl Karl*	Zweibrücken	1. 4.93	1. 9.02
	Dr. Glaser Max	Amberg	1. 1.94	1.10.02
	Dr. Hahn Ludwig*	Nürnberg N.	1. 9.94	16. 8.02
	Harbauer Joseph Maria	Dillingen	1. 7.94	16.10.02
	Dr. Hofmann Friedrich*	Ingolstadt	1. 7.94	16. 8.02
	Lederer Friedrich*	Straubing	1. 7.94	1. 9.02
	Dr. Offner Max	Ingolstadt	1. 7.92	15. 9.02
	Dr. Preger Theodor*	Ansbach	16. 9.92	16. 8.02
	Probst Joseph	Aschaffenburg	1. 9.94	1.10.02
	Dr. Raab Karl*	Regensburg A.	1. 3.93	16. 8.02
	Scholl Max*	Bayreuth	1. 7.94	16. 8.02
	Dr. Schott Hermann*	Regensburg N.	1. 7.92	15. 8.02
	Dr. Schwab Otto*	Ansbach	16. 9.92	16.10.02
	Ullrich Johann Baptist*	Nürnberg N.	1. 4.94	16. 8.02
88	Diptmar Hans*	Zweibrücken	1. 9.94	1. 9.03
	Dr. Hämmerle Alois	Eichstätt	16. 9.93	1. 9.03
	Dr. Hey Oskar, beurl.	München W.	1. 7.94	1. 4.03
	Himmler Gebhard	München Ld.	2. 7.94	25. 9.02
	Dr. Matzinger Sebastian	Passau	16. 2.93	15. 4.03
	Rech Eugen*	Ludwigshafen a. Rh.	1.12.92	1. 9.04
	Dr. Roppenecker Hermann	Münnerstadt	16. 9.93	1. 9.04
	Dr. Stählin Otto*	München M.	1. 7.94	1.10.02
	Dr. Thomas Robert*	Regensburg A.	1. 9.94	1. 9.03
89	Dr. Amsdorf Joseph	Neuburg a. D.	1. 7.94	1. 4.04

Konkursjahr	Namen	Anstalt, an welcher jetzt tätig	Gymnasial-Lehrer wann?	Professor wann?
89	Bullemer Wilhelm*	Zweibrücken	16. 12. 92	1. 9. 04
	Dr. Fertig Hans	Schweinfurt	30. 11. 94	1. 10. 03
	P. Dr. Grundl Beda	Augsburg St.	1. 10. 90	16. 9. 03
	Holler Friedrich*	Nürnberg R.	1. 9. 94	1. 9. 04
	Dr. Kinateder Georg	Lohr	1. 7. 94	1. 9. 03
	Krell Emil*	Neuburg a. D.	1. 10. 94	1. 9. 04
	Summa Wilhelm*	Lohr	1. 7. 94	1. 9. 04
	Dr. Weißenberger Burkard	Günzburg	1. 7. 94	1. 10. 03
90	Dr. Pischinger Arnold	Ingolstadt	1. 1. 95	1. 5. 04
	P. Dr. Seiller Bernh., OSB.	Augsburg St.	1. 10. 91	16. 9. 04
91	Wakenhut Friedrich*	Hersbruck	16. 10. 94	1. 10. 02
94	P. Dr. Hufmayr Eugen, OSB.	Augsburg St.	16. 9. 95	16. 9. 03

e) Gymnasial-(Studien-)lehrer.

Konkursjahr	Namen	Anstalt, an welcher jetzt tätig	Gymnasial-(Studien-)Lehrer wann?	
60	Treuner Moritz*	Bamberg N.	19. 10. 64	
72	Herdel Valentin	Bergzabern	1. 8. 73	
	Reuter Gottlieb*	Ansbach	1. 10. 76	
75	Demmel Peter	Ludwigshafen a. Rh.	15. 12. 78	
	Laible Heinrich*	Rothenburg o. T.	29. 11. 77	
	Schreiber Friedrich*	Rothenburg o. T.	16. 12. 76	
76	Buchholz Heinrich*	Hof	10. 4. 80	
	Meyer Heinrich*	Dürkheim	1. 3. 80	
	Riester Gustav	Edenkoben	15. 5. 79	
77	P. Hirschvogl Richard, OSB.	Augsburg St.	1. 11. 77	
78	Reichert Peter	Rothenburg o. T.	1. 5. 88	
	Schultheis J. Anton	Hammelburg	12. 12. 78	
80	Himmelstofs Michael	Dillingen	16. 8. 89	
81	Dr. Bürchner Ludwig	München Lp.	16. 4. 88	
	Lang Ernst	Traunstein	1. 7. 90	Sp.E. 1.
	Leicht Friedrich*	Zweibrücken	1. 5. 88	
82	Barth Joseph	Landstuhl	1. 8. 92	
	Berger Eugen	Passau	1. 7. 92	
	Butz Ludwig*	St. Ingbert	1. 2. 90	
	Herrlein Johann	Burghausen	1. 7. 94	
	Spindler Adam	Bamberg A.	16. 11. 91	
83	Bertholdt Richard*	Fürth	1. 1. 89	
	Faderl Georg	Blieskastel	1. 7. 92	
	Haaf Johannes	Speyer	1. 7. 92	
	Witzel Christian	Neustadt a. H.	1. 7. 92	
84	Auer Franz Xaver	Straubing	1. 11. 93	
	Blank Johann	Landshut	1. 10. 89	
	Haberl Joh. Ev.	Dillingen	20. 4. 93	
	Juncker Ignaz	Frankenthal	1. 9. 94	Sp.E. 1.
	Kuifsel Cölestin	Burghausen	1. 11. 92	
	Retzer Karl	Neuburg a. D.	15. 4. 94	
	Schleisinger Karl*	Wunsiedel	1. 12. 88	
	Welzel Christian	Hof	16. 4. 93	
85	Krehbiel Heinrich*	Edenkoben	1. 4. 94	
	Lamprecht Heinrich	Regensburg N.	16. 7. 93	
	Dr. Miedel Julius*	Memmingen	16. 3. 92	
	Mussgnug Ludwig*	Nördlingen	1. 9. 94	
86	Bamberger Friedrich	Annweiler	1. 9. 99	
	Büttner Heinrich*	Ludwigshafen a. Rh.	1. 9. 94	
	Dr. Denk Julius	Amberg	1. 9. 94	
	Gleber Konrad*	Fürth	1. 9. 94	
	Heeger Anton*	Dürkheim	1. 9. 94	
	Hilgärtner Hans	Landshut	1. 9. 94	
	Nieberle Joseph	Landshut	1. 7. 94	
	Schub Anton	Günzburg	1. 9. 94	
	Stopper Friedrich	Speyer	1. 9. 96	
	Unruh Friedrich*	Pirmasens	1. 9. 94	
	Zeller Joseph	Bergzabern	1. 9. 94	
87	Dittelberger August	München Ld.	16. 10. 92	

Konkursjahr	Namen	Anstalt, an welcher jetzt tätig	Gymnasial- (Studien-) Lehrer wann?	
87	Kustermann Georg	München Th.	1. 7.94	
	Lochner Georg Hugo	Passau	1. 3.94	
	Röttinger Konrad	Münnerstadt	4. 9.94	
88	P. Ahr Ulrich, OSB.	Scheyern Lat.	1. 9.91	
	Fauner Wilhelm	Donauwörth	1. 9.95	
	Fischer Veit*	Bamberg A.	16. 9.92	
	Götz Karl	Speyer	1.10.94	Sp.E. 2.
	Dr. Jahn Erhard*	Wunsiedel	1. 9.94	
	Kögerl Hugo	Ingolstadt	1. 9.95	
	Matz Martin	Ludwigshafen a. Rh.	1. 9.95	
	Schnizlein August*	Rothenburg o. T.	16. 9.94	
	Schreiegg Joseph	Donauwörth	16.11.94	
89	Amend Michael	München Ld.	16. 2.95	
	Knoll Georg	Dürkheim	16.11.95	
	Lederer Johann Friedrich*	Bayreuth	1. 9.94	
	Lirk Joseph	Regensburg A.	1. 9.95	
	Dr. Maurer Georg	München Ld.	1. 5.95	Sp.E. 4.
	Nirmaier Eduard	Würzburg N.	1. 9.96	
	Rampf Johann	Traunstein	16. 9.95	
	Riedel Rudolf*	Kusel	1. 1.95	
	Dr. Roth Karl*	Kempten	1.10.97	
	Dr. Stöcklein Johann	Schweinfurt	1.10.94	
90	Bachmann Eduard*	Nördlingen	16. 2.96	
	Bezzel Richard*	Nürnberg N.	28.12.95	
	Dr. Engel Franz Joseph	Passau	1. 6.95	
	Fries Jakob	München Ld.	1. 4.96	
	Dr. Fritz Wilhelm*	Ansbach	1.11.93	
	Geiger Johann	Landshut	1. 7.96	
	Gimmel Philipp	Dürkheim	15.11.96	
	Gräf Adam	München Ld.	16.12.90	
	Dr. Kempf Johann	München Ld.	16. 4.94	
	Kefsler Franz	Pirmasens	1. 5.96	
	Littig Eduard*	Frankenthal	1. 1.96	Sp.E.13.
	Dr. Mayr Albert	München Ld.	1. 7.96	
	Moritz Heinrich	München W.	1. 9.95	
	Morsheuser Hans	Kirchheimbolanden	1. 7.96	
	Pfreimter Ernst	Grünstadt	15. 4.97	
	Dr. Purpus Wilhelm*	Nürnberg A.	1. 4.96	
	Rösel Richard*	Straubing	1. 5.95	
	Schmatz Joseph	Regensburg N.	1. 7.96	
	Scholl Gustav*	Nürnberg A.	1. 5.96	
	Schumacher Eugen	Landau	1. 6.96	
	Dr. Silverio Oswald	München M.	1. 8.95	
	Weikl Joseph	Bamberg N.	16. 9.96	
	Weifs Joseph	Aschaffenburg	1. 7.96	
91	Bergmüller Gustav*	Grünstadt	1. 9.96	
	Dr. Bodensteiner Ernst	München W.	1. 4.96	
	P. Eberhard Anselm, OSB.	Augsburg St.	1.12.91	
	Eifsner Wilhelm*	Windsheim	1. 1.98	
	Fürst Adolf	Regensburg N.	1. 7.96	
	Geyer Heinrich	Kitzingen	6.12.98	
	Gölkel Eduard*	Memmingen	1. 9.95	
	Haberl Anton	Donauwörth	1.10.97	

Konkursjahr	Namen	Anstalt, an welcher jetzt tätig	Gymnasial-(Studien-)Lehrer wann?	
91	Hauser Wilhelm*	Schwabach	1. 1.98	
	Dr. Heisenberg August*	Würzburg A.	15. 4.97	
	Dr. Henrich Emil	Neustadt a. H.	2.10.96	
	Hofmann Georg*	Feuchtwangen	1. 9.96	
	Dr. Hümmerich Franz*	Hof	1. 8.97	
	Dr. Keller Hans*	Nürnberg R.	1. 6.96	
	Dr. Kemmer Ludwig	München Lp.	15.12.96	
	Ramsauer Franz Xaver	Burghausen	1.10.97	Sp.E.10.
	Dr. Ranninger Franz	Hammelburg	1. 9.97	
	Schlehuber Joseph	Kitzingen	1. 9.98	
	Dr. Schott Wilhelm*	Bamberg N.	1.11.96	
	P. Stöhr Ernst O.S.B.	Augsburg St.	1.11.91	
	Stürtz Lorenz	Dinkelsbühl	1. 9.98	
	Tavernier Karl*	Neustadt a. H.	16. 4.98	
	Wirth Franz	Eichstätt	16. 4.98	
	Dr. Wölfle Johann	Neuburg a. D.	1.10.95	
92	Derleth Ludwig	Dillingen	16. 4.00	
	Egg Wilhelm*	Zweibrücken	1.10.97	
	Eichhorn Gottfried	München Th.	1. 7.98	
	Hartmann Karl*	Augsburg A.	1. 9.96	
	Klaiber Richard*	Neustadt a. A.	1. 7.98	
	Kreppel Friedrich*	Kaiserslautern	16. 9.97	
	Reng Edmund	Regensburg N.	1. 7.98	
	P.Riedermair Bruno, O.S.B.	Schäftlarn	25. 6.94	Sp.E. 9.
	Ruckdeschel Robert*	Rosenheim	1. 9.98	
	Dr. Schnupp Wilhelm	Amberg	1.10.97	
	Sellinger Joseph	Bamberg N.	1. 9.98	
	Spiegel Gustav*	Kempten	1. 1.98	
	Vollnhals Wilhelm	Amberg	1. 7.98	
	Dr. Wagner Heinrich	Aschaffenburg	16.12.96	
	Dr. Weifsmann Karl*	Schweinfurt	1. 1.98	
	Dr. Widemann Joseph	z. Z. beurl.	1.10.97	
93	Dr. Aumüller Johann	München Th.	1. 7.98	
	Bimann Dominikus	Ludwigshafen a. Rh.	1. 7.98	
	Dr. Dutoit Julius	München Lp.	1. 4.99	
	Fuchs Albert	Aschaffenburg	1. 4.99	
	Hafner Augustin	Günzburg	1. 9.99	
	Dr. Hofinger Fritz*	Landau	1. 7.98	
	Januel Heinrich	Regensburg A.	1. 1.98	
	Dr. Joetze Franz*	München M.	1. 4.99	
	Kroder Karl*	Hof	1. 9.99	
	Dr. Lindmeyr Bernhard	München M.	1. 9.99	
	Metzner Joseph	Passau	1. 4.99	
	Pilz Magnus	Uffenheim	1. 9.98	Sp.E.23.
	Dr. Rehm Albert*	München W.	16. 4.98	
	Rheinfelder Hans	Landau	1. 9.98	
	Dr. Reissinger Karl	München R.	1. 9.98	
	Dr. Schmidinger Franz	Passau	1. 9.99	
	Schuler Ludwig	St. Ingbert	1. 9.99	
	Dr. Schunck Julius*	Zweibrücken	1. 9.98	
	Dr. Schunck Max*	Nürnberg A.	1. 9.98	
	Dr. Schwind Adam	Würzburg N.	1. 1.99	
	Schwind Georg	Miltenberg	1. 9.99	

Konkursjahr	Namen	Anstalt, an welcher jetzt tätig	Gymnasial- (Studien-) Lehrer wann?	
93	Siebenhaar Johann	Würzburg N.	1. 9.98	
	Dr. Stemplinger Eduard	München M.	1. 9.99	
	Stubenrauch Franz Xaver	Freising	1. 9.99	
	Dr. Tröger Gustav*	Regensburg A.	1. 9.98	
	Dr. Vasold Jakob	München Th.	1. 7.98	
	Dr. Vogel Georg*	Landshut	1. 9.98	
	Dr. Weber Johann Baptist	Neuburg a. D.	1. 9.99	
	Wucherer Friedrich*	Bamberg A.	1. 9.98	
	Wurm Adolf	Freising	1. 7.98	
	Zehelein Albert	Miltenberg	1.12.99	
94	Arnold Karl*	Kirchheimbolanden	1.12.99	
	Beck Johann	Pirmasens	16.10.00	
	Bohne Johannes*	Nürnberg N.	1. 7.00	
	Degenhart Friedrich	Eichstätt	1. 4.01	
	Dr. Demmler Adalbert	Kempten	1. 9.00	
	Dietl Johann	Annweiler	1. 9.01	
	Eiselein Robert	Kusel	26. 9.01	
	Foertsch Adolf*	Öttingen	1. 1.00	
	Gaiser Franz	Neustadt a. H.	1. 9.99	
	Günther Karl	Aschaffenburg	1. 9.00	
	Inglsperger Hans	München W.	16.10.99	
	Dr. Joachimsen Paul*	München W.	1. 9.99	Sp.E.10.
	Kraus Franz	Straubing	1.11.99	
	Liedl Albert	Edenkoben	1. 9.00	
	Maunz Joseph	Weiden	1. 1.01	
	Meidinger Hans	Donauwörth	1.12.99	
	Pietzsch Eduard*	Schweinfurt	1. 9.99	
	Pöhlmann Theobald*	Neustadt a. A.	16.10.99	
	Reinwald Thomas*	Kaiserslautern	16.10.99	
	Dr. Sartori Karl	Bamberg A.	16.10.99	
	Schmidt Gustav	Hof	1.11.99	
	Schrödinger Johann	Weiden	1. 9.00	
	Traeger Franz Xaver	Landshut	1. 9.00	
	Dr. Weber Friedrich*	München M.	16.11.98	
95	Bruner Ludwig	Bamberg A.	1. 7.00	
	Dr. Bullemer Karl*	Würzburg A.	16. 4.00	
	Dormann Hans	Landstuhl	1. 9.02	
	P.Einsiedler Jos.Maria,OSB.	Augsburg St.	16. 9.96	
	Friefs Christoph*	Windsheim	1.11.00	
	Haran Hans	Schwabach	1. 9.01	
	Herrnreiter Franz Xaver	Forchheim	1. 4.02	
	Hirmer Johann	Miltenberg	1. 9.01	
	Hofmann Johann	Straubing	1. 7.00	
	Hugel August*	Regensburg A.	1. 7.00	Sp.E. 7.
	Dr. Kemmer Ernst	München K. K.	17.12.99	
	Kempf Heinrich	Homburg	1. 9.01	
	P. Kraus Gelasius, O.S.A.	Münnerstadt	1. 3.99	
	Kroher Michael*	Erlangen	1. 7.00	
	Lichti Gustav*	Winnweiler	1. 9.03	
	Martin Johann	Weiden	1. 9.01	
	Osberger Wilhelm*	Kulmbach R.	1. 9.00	
	Pleimes Wilhelm	Speyer	1. 9.00	
	Raebel Hans	Forchheim	1. 9.01	

Konkursjahr	Namen	Anstalt, an welcher jetzt tätig	Gymnasial-(Studien-)Lehrer wann?
95	Renz Wendelin	Aschaffenburg	1. 7. 00
	Steinbauer Johann *	Windsbach	1. 1. 00
96	Amann Max	Bamberg N.	1. 9. 00
	Bauereisen Michael *	Öttingen	1. 9. 99
	Brandl Joseph	Homburg	15. 10. 02
	Brunner Gotthard	München Th.	1. 4. 01
	Christ Joseph	Windsheim	1. 1. 04
	Fischl Hans	Schweinfurt	1. 9. 01
	Grebner Joseph	Landau	1. 1. 01
	Hillebrand Hans	Passau	1. 4. 01
	Dr. Kuchtner Karl	München W.	1. 7. 00
	Dr. Losgar Georg	München Lp.	1. 4. 01
	Dr. Lurz Georg	München Lp.	1. 7. 00
	Nett Max	Würzburg N.	1. 9. 01
	Dr. Renner Robert	München Lp.	1. 9. 00
	Wahler Andreas Franz	München Ld.	1. 7. 00
	Dr. Weifsenbach Friedrich	Traunstein	10. 10. 00
97	Beyschlag Friedrich *	Augsburg A.	1. 9. 01
	Dr. Bitterauf Hermann *	Windsheim	15. 8. 02
	Dr. Bourier P. Herm. O.S.B.	Augsburg St.	16. 9. 98
	Demm Gregor	Straubing	1. 9. 01
	Depser Karl *	Winnweiler	1. 9. 01
	Eckert Wilhelm *	Schwabach	1. 1. 02
	Ernst Friedrich Wilh. *	Lindau	1. 9. 01
	Faulmüller Paul *	Grünstadt	1. 9. 02
	Fieger Martin	Donauwörth	1. 9. 02
	Dr. Gaymann Valentin	Würzburg N.	1. 9. 01
	Haslauer Adolf	Burghausen	1. 9. 01
	Dr. Hirmer Joseph	München W.	1. 1. 01
	Kissenberth Otto *	Wunsiedel	1. 1. 02
	Kübel Heinrich *	Speyer	1. 9. 01
	Ledermann Georg	Eichstätt	1. 8. 01
	Mager Hermann	Rosenheim	1. 9. 01
	Dr Nusselt Ernst *	Hersbruck	1. 4. 02
	Schreibmüller Hermann *	Kaiserslautern	1. 10. 01
	Seufferth Adam	Kaiserslautern	1. 10. 01
	Dr. Stählin Friedrich *	Hersbruck	1. 9. 01
	Ullrich Friedrich	Würzburg N.	1. 9. 01
	Dr. Wüst Ernst *	Dillingen	1. 9. 01
98	Baer Siegmund *	Forchheim	1. 9. 02
	Dr. Beck Friedrich *	Weifsenburg	1. 9. 02
	Bitterauf Karl *	Windsbach	1. 4. 02
	Brather Karl *	Bergzabern	1. 9. 02
	Büttner Karl *	Germersheim	1. 9. 02
	Danner Eduard *	Hersbruck	1. 10. 02
	Dr. Fischer Friedrich *	München Th.	1. 9. 02
	Dr. Flemisch Michael	München R.	1. 4. 02
	Flickinger Adolf *	Edenkoben	1. 9. 02
	Dr. Frese Richard *	Neustadt a. d. H.	1. 9. 01
	Dr. Gruber Anton	Bamberg N.	1. 10. 02
	Hartleib Philipp	Landstuhl	11. 8. 04
	Haupt Gabriel	Würzburg R.	1. 9. 02
	Dr. Heel Eugen	Günzburg	1. 10. 01

Konkursjahr	Namen	Anstalt, an welcher jetzt tätig	Gymnasial-(Studien-)Lehrer wann?
98	Dr. Heinlein Ludwig*	Fürth	1. 9.02
	Heinz Anton	Dinkelsbühl	1. 1.03
	Herzinger Friedrich	Pirmasens	16.10.02
	Dr. Huber Anton	Landshut	1. 9.02
	Dr. Huber Peter	Germersheim	1. 4.02
	Jakob Georg	Speyer	1.10.02
	Jakob Joseph	Aschaffenburg	1. 9.02
	Jung Theodor*	Memmingen	1. 9.02
	Dr. Kalb Alfons*	München Th.	1. 9.02
	Keſselring Georg*	München Th.	1.12 02
	Kohler Franz Xaver	Dillingen	1. 9.03
	Kornbacher Hans	Homburg	1.10.04
	Lehenbauer Karl	St. Ingbert	1. 4.03
	Lembert Raimund*	Augsburg R.	1. 9.03
	Dr. Lermann Wilhelm	München M.	1. 9.02
	Meier August	Traunstein	1. 9.03
	Meinel Rudolf*	Memmingen	1. 4.02
	Mordstein Friedrich	Kusel	1.10.02
	Müller Otto*	Winnweiler	1.10.03
	Dr. Ockel Hans*	Augsburg R.	1. 9.02
	Dr. Rast Rudolf*	Nürnberg R.	15. 9.02
	Roeder Joseph	St. Ingbert	1. 4.04
	Schmidt Hans*	Edenkoben	16.11.03
	Schnetz Joseph	Münnerstadt	1. 9.02
	Dr. Sippel Fridolin	Haſsfurt	16. 4.03
	Spörlein Johann Baptist	Kirchheimbolanden	1. 9.03
	Thürauf Friedrich*	Windsbach	1. 1.02
	Dr. Vogt Martin	München Th.	1. 9.02
	Zellfelder Theodor*	Neustadt a. A.	15. 8.02
	Zinsmeister Hans	Kusel	1. 9.04
99	P. Adam Willibald, O.S.B.	Metten	18. 9.00
	Dr. Albert Karl	Neuburg a. D.	9. 7.03
	Dr. Appel Ernst*	Uffenheim	1. 9.04
	Dr. Bauerschmidt Hans	Dillingen	1. 5.04
	Blümel Rudolf	Münnerstadt	1. 4.04
	Brunner Johann	Neuburg a. D.	1.10.04
	Dr. Drescher Friedrich*	Öttingen	1. 1.04
	Dr. Engelhardt Konrad	Frankenthal	1. 9.03
	Forster Ludwig	Günzburg	1. 1.05
	Dr. Heindl Wilhelm	München W.	1.10.02
	Held Joseph	Frankenthal	1.10.03
	Dr. Heydenreich Wilhelm*	Nördlingen	1. 9.04
	Dr. Hubel Karl*	Öttingen	1. 9.04
	Kappler Karl	Weiden	1. 9.03
	Keppel Fritz*	Dinkelsbühl	1. 9.04
	Dr. Kopp Joseph	Ansbach	1. 9.01
	Lama Ritter von Karl	Weiſsenburg	1. 9.04
	Dr. Leidig Julius*	Erlangen	1.10.03
	Dr. Lochmüller Joh. Bapt.	Germersheim	1. 9.04
	Dr. Mederle Karl	Lohr	1. 4.04
	Dr. Oertel Heinrich*	Nürnberg R.	1.10.03
	Ohly Christian Adolf	Lindau	1. 1.05
	P. Rauch Bonifaz, O.S.B.	Metten	18. 9.00

7*

Konkursjahr	Namen	Anstalt, an welcher jetzt tätig	Gymnasial-(Studien-)Lehrer wann?
99	Dr. Riedel Christian*	Ingolstadt	1. 9. 03
	Dr. Schlelein Hans	Passau	15. 4. 03
	Dr. Schlittenbauer Sebastian	**München Ld.**	16. 4. 03
	Schneider Valentin	Grünstadt	9. 7. 04
	Dr. Schroff August	Landsberg R.	1. 9. 04
	Dr. Weiß Theodor*	Pirmasens	1. 9. 03
	Wolf Karl	Dillingen	1. 10. 03

f) Gymnasialassistenten.

Konkursjahr	Namen	Anstalt, an welcher jetzt tätig	Gymnasial-assistent wann?
98	Sattler Heinrich	Hammelburg	3. 12. 99
99	Benecke Karl	St. Ingbert	10. 1. 01
	Dersch Alois	Augsburg St.	3. 2. 01
	Engelhardt Hans	Landau	15. 1. 01
	Dr. Georg Alfred*	Weißenburg	1. 4. 04
	Heberle Innozenz	Neustadt a. A.	15. 10. 02
	Heigl Ludwig	Bamberg N.	1. 4. 02
	Hemmerich Karl	Günzburg	4. 2. 01
	Hertel Joseph	Burghausen	1. 1. 02
	Höfs Kaspar	Neustadt a. H.	1. 10. 01
	Imhof Eduard	Forchheim	20. 10. 02
	Kellermann Peter*	Fürth	1. 10. 01
	Kreutzer Karl	Miltenberg	26. 11. 00
	Link August	Würzburg N.	1. 1. 01
	Merz Ludwig	Pirmasens	1. 10. 03
	Morhard Michael	Ludwigshafen	12. 1. 02
	Müller Engelbert	Lohr	1. 10. 01
	Neumaier Hans	Hammelburg	11. 1. 01
	Plesch Julius*	Nürnberg R.	1. 10. 00
	Sattler Gustav*	Bayreuth	1. 1. 01
	Schwenzer Friedrich*	Blieskastel	1. 1. 01
	Dr. Steier August	Passau	1. 10. 00
	Dr. Stocker Max	Straubing	1. 9. 02
	Streib Wilhelm*	Regensburg A.	1. 9. 01
00	Dr. Abel Otto	Schäftlarn	1. 3. 02
	Abert Hans	Würzburg A.	1. 9. 01
	Dr. Bachmann Wilhelm*	Nürnberg A.	25. 9. 01
	Dr. Baer Julius*	Nürnberg R.	1. 9. 01
	Berger Jakob, Menn.	Uffenheim	1. 9. 02
	Büttner Ludwig	Aschaffenburg	23. 10. 02
	Dexel Albert	Fürth	1. 10. 01
	Edenhofer Joseph	Rosenheim	—. —. 02
	Emminger Kurt	München M.	1. 9. 04
	Flasch Franz	Nürnberg A.	1. 1. 03
	Frank Joseph	München Th.	8. 10. 01
	Gaenßler Wilhelm*	Hersbruck	19. 4. 02
	Heck Karl	Traunstein	1. 9. 03
	Heger Philipp	Aschaffenburg	1. 10. 01
	Herrmann Theodor*	Nördlingen	10. 4. 04
	Dr. Höfler Franz	Schäftlarn	1. 2. 02
	Hublocher Hans	Landshut	1. 9. 03
	Dr. Jobst Hans	München M.	—. —. 01
	Karch Joseph	Würzburg A.	1. 10. 03
	Ketterer Hermann	Aschaffenburg	5. 2. 02
	Kloer Gustav*	Günzburg	1. 9. 04
	Kreutmeier Silvester	Wunsiedel	16. 9. 03
	Kreuzeder Adolf	Kaiserslautern	1. 10. 02
	Lang Theodor*	Augsburg A.	1 9. 02
	Dr. Lau Alois	Lohr	1. 1. 02

Konkursjahr	Namen	Anstalt, an welcher jetzt tätig	Gymnasial-assistent wann?
00	Dr. Meiser Oskar* (z. Z. beurl.)	München M.	1. 9.02
	Paul Ludwig*	Nürnberg R.	1. 9.01
	Piton Otto*	Schweinfurt	1.10.01
	Raab Max	Kitzingen	21. 1.02
	Dr. Radina August	Nürnberg R.	1. 1.02
	Reich Karl	Augsburg R.	—.—.03
	Rödel Fritz*	Ingolstadt	—.—.01
	Dr. Rost Michael	München Lp.	1.10.02
	Dr. Schaefer Wilhelm	München Th.	15. 9.03
	Schauerbeck Sebastian	München Lp.	19.10.04
	Schmädel R. u. Edler von Joh. B.	Weißenburg	1. 9.02
	Schraub Franz	Lohr	1. 2.03
	Schuster Hans	München M.	1. 3.03
	Schuster Max	Landstuhl	—
	Seemüller Johann	Neuburg a. D.	—.—.02
	Seibel Franz	Rosenheim	1.10.01
	Steeger Theodor	Nürnberg R.	29. 9.01
	Steiner Friedrich	Nürnberg R.	24. 9.02
	Stranß Johann	Grünstadt	—.—.02
	Dr. Stroh Hans	Augsburg St.	—.—.03
	Dr. Stutzenberger Anton	Zweibrücken	15.10.01
	Unkelbach Fritz*	Kaiserslautern	15. 9.01
	Dr. Weigl Ludwig	Aschaffenburg	1. 9.01
	Westerich Adolf*	Augsburg A.	1.10.01
	Wiehl Hermann	Würzburg A.	—.—02
	Dr. Will Johann	Forchheim	1. 9.01
	Dr. Winter Franz Anton	Burghausen	1. 9.01
	Zellerer Joseph	Straubing	15. 9.02
01	Anwander Joseph	St. Ingbert	17. 9.04
	Dr. Börtzler Friedrich*	Nürnberg R.	—.—.02
	Dr. Bruckmooser Ernst	München Ld.	18. 9.03
	Dr. Bürner Georg*	Speyer	22. 9.03
	Dr. Büttner Otto	München Lp.	1.10.02
	Burghofer Karl	Kempten	1.10.04
	Degel Ferdinand*	Nürnberg A.	1. 8.03
	Dimpfl Christoph	Metten	3. 1.03
	Dr. Dostler Gottfried	Kempten	1. 9.04
	Ender Hans	Ingolstadt	—.—.03
	Feldl Karl	Amberg	23.11.02
	Frobenius Rudolf*	Dillingen	1. 9.04
	Groß Karl	Dillingen	10. 4.04
	Grubmüller Ludwig	Schäftlarn	10. 4.04
	Helmreich Theodor*	Nürnberg N.	22. 9.02
	Dr. Hofmann Philipp*	München Ld.	—.—.02
	Klein Jakob Georg	Schäftlarn	19.12.02
	Königsdorfer Isidor	Bayreuth	—.—.03
	Krehbiel Wilhelm, Menn.	Landau	15. 9.03
	Dr. Küspert*	Hof	1. 9.02
	Lechner Ferdinand	Dürkheim	—
	Loesch Leonhard*	München Lp.	15. 4.03
	Meindlschmied Johann	Lindau	10. 4.04
	Meyer Konrad*	Würzburg A.	15. 9.03
	Prell Robert*	Nürnberg A.	30. 9.03

Konkursjahr	Namen	Anstalt, an welcher jetzt tätig	Gymnasial-assistent wann?
01	Rieder Joh. Bapt.	München Ld.	20. 9. 03
	Dr. Riedner Gustav *	Nürnberg N.	16. 9. 02
	Salzgeber Karl	Kaiserslautern	1. 10. 04
	Scherbauer Joseph	Bamberg A.	—
	Schmitt Karl Phil.	Ansbach	9. 11. 02
	Dr. Schodorf Konrad	Würzburg A.	10. 10. 02
	Schreiner Rupert	Amberg	15. 9. 03
	Schuh Hans*	Windsheim	1. 1. 04
	Sell Heinrich*	Bayreuth	18. 5. 03
	Stark Joseph	Landau	4. 10. 03
	Steinheimer Eduard	München Ld.	1. 10. 03
	Vogeser Joseph	Schäftlarn	16. 11. 02
	Weber Karl	Augsburg St.	16. 11. 03
	Weifs Georg	Schwabach	—. —. 04
	Willer Richard	Landshut	15. 8. 03
	Zwerenz Johann	Würzburg A.	—. —. 03
02	Bauernfeind Joseph	Augsburg St.	—. —. 04
	Dr. Becker Albert *	Ludwigshafen	—. —. 03
	Dexel Franz	Metten	23. 11. 03
	Ewald Wilhelm	Nürnberg A.	4. 10. 04
	Finger Philipp, Menn.	Bayreuth	1. 1. 04
	Futterknecht Hans	München W.	1. 10. 04
	Dr. Gebhardt Otto	Bayreuth	7. 3. 04
	Geifsler Alois	Würzburg A.	25. 9. 03
	Dr. Gottanka Ferdinand	München Ld.	30. 9. 03
	Hofmann Georg*	München Th.	1. 10. 03
	Kitzmann Hans*	Regensburg N.	23. 9. 04
	Lang Alfred*	Augsburg R.	—. —. 04
	Loewe Hans*	München W.	1. 10. 03
	Loy Joseph	München W.	—. —. 03
	Meixner Hans	Frankenthal	1. 1. 04
	Dr. Motschmann Wilhelm*	München Ld.	20. 9. 04
	Müller Heinrich	Nürnberg R.	1. 5. 04
	Niederbauer Peter, Pr.	München Ld.	22. 9. 04
	Nüchterlein Max*	Kaiserslautern	1. 1. 04
	Nüzel Friedrich *	Eichstätt	1. 1. 04
	Steger Karl	Metten	16. 9. 04
	Thurmayr Ludwig	München Th.	1. 10. 04
	Unterseher Ludwig	Amberg	22. 10. 04
03	P. Brune Godehard	Münnerstadt	—. —. 04
	Vogl Georg	Regensburg A.	26. 9. 04

2. Mathematische Fächer.

(Auch das einschlägige Lehrpersonal an den Realschulen und Industrieschulen ist aufgenommen.)

a) Oberstudienräte.

Konkursjahr	Namen	Anstalt, an welcher jetzt tätig	Gymn.-(Real-) Lehrer wann?	Gymn.-Professor wann?	Gymn.-Rektor, Konr. (St.R.) wann?	Oberstudienrat wann?
60	Dr. Recknagel Georg	Augsburg R.	—	1. 10. 68	16. 1. 92	1. 1. 03
73	Dietsch Christoph*	München R.	1. 8. 75	1. 9. 89	1. 9. 00	1. 1. 04

b) Gymnasialrektoren.

72	Dr. Schumann Hans	München I.	1. 1 74	1. 2. 92	1. 8. 94	
73	Neu Wilhelm*	Augsburg I.	1. 11. 74	16. 8. 89	1. 9. 96	
77	Regnault August	Kaiserslautern I.	1. 2. 79	1. 1. 95	1. 9. 04	

c) Konrektoren (Studienräte).

58	Bomhard Guido	Regensburg Rs.	1. 10. 63	12. 11. 92	1. 1. 04	
64	Dr. Miller Andreas	München LRs.	1. 11. 67	1. 1. 91	1. 1. 04	
67	Rudel Kaspar*	Nürnberg Ind.	1. 10. 69	16. 1. 81	1. 9. 04	
70	Hoffmann Karl Eng.*	Speyer	15. 6. 73	1. 1. 83	1. 9. 04	
71	Waldvogel Johann	München W.	1. 10 73	1. 4. 83	1. 9. 04	
72	Effert Gottlieb*	München Lp.	1. 4. 76	15. 12. 87	1. 1. 05	
73	Ducrue Joseph	München Th.	1. 11. 74	16. 8. 89	1. 9. 04	
	Dr. Müller Andreas	Landshut	1 5. 75	1. 10. 89	1. 9. 04	
	Dr. Rothlauf Bened.	München M.	1. 3. 78	1. 3. 91	1. 9. 04	
75	Lengauer Joseph	Würzburg A.	16. 1. 77	16. 10. 90	1. 9. 04	

— 105 —

d) Gymnasialprofessoren.

(Die Namen der Professoren an den Industrie- u. Realschulen u. der Realschulrektoren sind eingerückt.)

Konkursjahr	Namen	Anstalt, an welcher jetzt tätig	Gymnasial- (Real-)Lehrer wann?	Gymn.-Prof. oder Real- schul-Rektor wann?
59	Pözl Wenzeslaus	München I.	1. 4. 70	1. 5. 74
60	Gallenmüller Joseph	Aschaffenburg	1. 1. 71	16. 11. 76
67	Sattelberger Friedr.	Fürth	16. 4. 69	1. 1. 01
68	Bauschinger Chr. W.*	München Lp.	1. 10. 68	1. 1. 01
69	Kniefs Karl*	Augsburg A.	1. 5. 71	16. 10. 86
	Schülen Georg*	Erlangen	1. 5. 71	1. 7. 98
71	Mantey-Dittmer Frhr. v. A.*	Kempten	1. 4. 74	1. 1. 85
72	Groll Joseph	München Ld.	16. 4. 73	16. 10. 86
	Handel Peter	Würzburg R.	16 8. 77	1. 1. 96
	Keck Ludwig	Nürnberg N.	16. 12. 72	16. 12. 89
	Dr. Nachreiner Vincenz*	Neustadt a. H.	1. 10. 74	1. 1. 85
73	Dr. Braun Wilhelm*	München R.	1 4. 76	16. 10. 90
	Kellerhals Philipp*	Straubing	16. 10. 76	1. 1. 01
	Kissel Ferdinand*	Kaiserslautern	24. 11. 74	28. 6. 94
	Straufs Georg	Landau	1. 6. 76	1. 9. 95
	Weinberger Franz	Burghausen	1. 12. 75	1. 9. 93
	Winter Wilhelm	München W.	15. 9. 75	15. 9. 86
74	Betz Karl	Eichstätt	16. 8. 77	1. 7. 98
	Düll August*	München Lp.	1. 4. 76	1. 7. 98
	Greiner Max	Nürnberg I.	16. 7. 75	1. 1. 96
	Meinel Karl*	Fürth	1. 12. 75	1. 9. 97
	Salfner Eduard*	Nürnberg II.	16. 7. 78	1. 1. 00
	Vogt Eduard	Würzburg N.	1. 2. 79	1. 7. 92
75	Roland Theobald*	Kaiserslautern	1. 10. 77	1. 7. 98
	Zierer Georg	Passau	1. 4. 78	1. 7. 94
76	Adami Franz	Hof	16. 1. 79	16. 9. 96
	Bäumler Georg	Dillingen	16. 10. 79	1. 4. 96
	Büttner Georg	Augsburg R.	16. 1. 79	1. 10. 96
	Dicknether Franz	München W.	16. 9. 78	1. 1. 96
	Fischer Gottlob*	Nürnberg N.	16. 12. 79	1. 9. 88
	Götz Hans	Augsburg I.	16. 11. 78	1. 5. 95
	Hartmann Christian*	Schweinfurt	1. 2. 81	1. 9. 97
	Dr. Käsbohrer Leonhard	Würzburg R.	15. 5. 79	1. 8. 94
	Lagally Max	Regensburg A.	15. 12. 79	1. 9. 96
	Dr. Rinecker Franz	Regensburg N.	1. 12. 77	15. 10. 93
	Röckl Alfons	München Lp.	1. 1. 81	1. 1. 01
	Schätzlein Jakob*	Aschaffenburg	16. 4. 78	1. 10. 95
77	Dr. Bacharach Isaak isr.	Nürnberg I.	16. 12. 79	1. 9. 96
	Bein Simon isr.	Passau	16. 12. 79	1. 7. 98
	Breuning Wilhelm*	Würzburg	16. 12. 79	16. 12. 94
	Dr. Mayrhofer Gottfried	München M.	16. 12. 79	16. 4. 97
	Pappit Adolf	Regensburg N.	1. 12. 79	1. 7. 98
	Sailer Engelbert	Pirmasens	1. 1. 80	1. 1. 97
	Schröder Friedrich*	Kitzingen	1. 7. 81	1. 1. 96
78	Dr. Bacharach Max isr.	Würzburg	1. 1. 90	1. 4. 02
	Gretsch Johannes	Bamberg N.	1. 2. 83	1. 1. 95
	Kemlein Gottlob*	Ludwigshafen	16. 9. 81	1. 9. 98
	Küffner Wolfgang*	Zweibrücken	1. 1. 83	1. 7. 96
	Lederer Michael	Amberg	1. 6. 82	1. 7. 98

Konkursjahr	Namen	Anstalt, an welcher jetzt tätig	Gymnasial-(Real-)Lehrer wann?	Gymn.-Prof. oder Real-schul-Rektor wann?
78	Petzi Franz	Regensburg A.	1. 7.92	15. 9.02
	Schremmel Wilhelm ¹)	Traunstein	1. 1.80	1. 1.95
	Dr. Sievert Heinrich*	Bayreuth	15. 2.81	1. 2.94
79	Baur Joseph	München M. Th.	1. 5.82	1. 1.91
	Kainz Georg	Bamberg A.	16.10.86	1. 9.96
	Künfsberg Hans*	Dinkelsbühl	16.11.85	1. 7.98
	Kumpfmüller Franz	Passau	1. 1.86	1. 7.98
	Lindner Gottlieb*	Regensburg	1. 5.84	1. 7 98
	Meinel Friedrich*	Schweinfurt	1. 8.86	1. 7.98
	Mosbacher Ludw. isr.	Nürnberg Ind.	15. 9.86	1. 7.98
	Ostermann Leop.	Rosenheim	1. 1.86	1. 7.98
	Piechler Ernst	München Th.	25. 9.85	1. 7.96
	Reichart Franz Xaver	Freising	1. 8.86	1. 7.96
	Ruchte Ludwig	Amberg	1 7.86	1. 7.98
	Schreiner Joseph	Rosenheim	1. 9.84	1. 9.00
	Schwanzer Adolf	München W.	1. 6.85	1. 7.96
	Wolffhardt August*	Nürnberg A.	31. 3.88	1. 9.00
80	Dr. Bindel Karl	Bamberg N.	1. 1.89	1. 7.98
	Dr. Gebert Joh. Bapt.	Straubing	16. 5.88	1. 7.98
	Jütten Heinrich	München Ld.	1. 1.87	1. 7.98
	Kuen Theodor	München I.	16.10.85	1. 7.85
	Dr. Pfeiffer Emanuel*	München I.	—	16.10.98
	Schätz Ludwig	Augsburg	16. 2.87	1. 7.98
	von Stengel Karl	München M.	1. 6.88	1. 7.98
	Wolff Christoph*	München M.	1. 6.88	1. 7.98
	Zahn August*	Ansbach	1. 1.87	1. 7.98
	Dr. Zwerger Max	Würzburg N.	16. 9.86	16.11.97
81	Dr. Bärthlein Johann*	Regensburg A.	16. 3.91	1. 1.99
	Dr. Blümcke Adolf*	Nürnberg R.	1.11.90	1. 1.99
	Bock Otto*	Nürnberg	1. 7.92	1. 8.00
	Busch Georg	Nürnberg N.	1. 6.90	1. 1.99
	Dr. Claufs Otto*	Wunsiedel	1.10.88	1. 1.01
	Dr. Fuchs Friedrich*	Bamberg A.	1. 3.88	1. 7.98
	Heigl Joseph	Burghausen	15. 9.91	15. 7.99
	Dr. Herting Gottlieb*	Augsburg A.	1. 6.90	1. 1.99
	Metschnabl Anton	Kissingen	1.10.90	1. 9.99
	Penkmayer Richard	München Ld.	1. 6.90	1.10.98
	Dr. Schumacher Johann*	München K. K.	1.12.88	1. 6.98
	Dr. Stroh Emil*	Kaiserslautern I.	1. 3.87	1. 7.98
82	Bogner Friedrich*	Straubing	16.10.91	1. 9.99
	Ebersberger Wilh.*	Nürnberg II.	1.10.89	1. 1.01
	Erhard Hermann*	München K. K.	1.10.89	13. 9.00
	Held Hermann*	Nürnberg A.	16.10.88	1. 1.99
	Dr. Johannes Joseph	München Lp.	16.10.91	1. 7.00
	Dr. Klein Emil	Aschaffenburg	16.10.90	1. 1.99
	Dr. Nüfslein Theodor	Neumarkt	16.10.91	1. 9.99
	Dr. Schöner Ernst*	Erlangen	1. 5.89	1. 9.99
	Dr. Schumacher Rob.*	Augsburg I.	16. 3.91	1. 8.00
	Thoma Heinrich	Landshut	1. 1.92	1. 9.00

¹) Studienrat, Mitglied des obersten Schulrates.

Konkursjahr	Namen	Anstalt, an welcher jetzt tätig	Gymnasial-(Real-)Lehrer wann?	Gymn.-Prof. oder Real-schul-Rektor wann?
82	Zametzer Joseph	München Lp.	1. 6. 90	1. 1 99
	Dr. Zistl Max	München R.	16. 7. 90	1. 1 99
83	von Fabris Friedrich	Passau	1. 7. 92	1. 7. 00
	Faulland Johann	Münnerstadt	15. 9. 93	1. 7. 00
	Hofmann Karl	Ansbach	1. 7. 92	1. 7. 00
	Dr. Zott Alois	Landshut	1. 7. 92	1. 7. 00
84	Bafsler Karl	Eichstätt	16. 12. 94	1. 9. 04
	Dr. Doule Wilhelm*	München K. K.	1. 10. 90	18. 10. 94
	Dr. Eberle Joh. Friedrich*	Nürnberg A.	1. 7. 92	1. 9. 00
	Dr. End Wilhelm*	Hof	12. 4. 91	1. 9. 99
	Dr. Ernst Christian	Amberg	1. 5. 89	1. 1. 01
	Fronmüller Martin*	Nürnberg II.	16. 2. 94	1. 10 02
	Dr. Hefs Hans*	Ansbach	16. 9. 93	16. 4. 01
	Hoffmann. Otto*	Zweibrücken	10. 9. 92	1. 10. 01
	Hoock Georg*	Lindau	1. 2. 90	1. 8 00
	Künneth Heinrich*	Regensburg N.	1. 4. 94	16. 8. 02
	Scheuermayer Franz	Günzburg	1. 6. 91	1. 9. 01
	Sondermaier Ludwig	München Lp.	1. 7. 92	1. 7. 00
	Wimmer Bartholomäus	Freising	1. 5. 92	16. 4. 01
85	Dr. Geiger Karl	Landshut	1. 3. 93	1. 1. 01
	Grofs Ludwig*	Würzburg A.	1. 7. 94	15. 8. 02
	Hegele Anton	Straubing	16. 7. 93	1. 1. 03
	Dr. Höhl Heinrich*	Kaufbeuren	1. 9. 94	1. 9. 03
	Dr. Schleicher Karl*	Würzburg	1. 12. 93	1. 1. 03
	Wildbrett Adolf*	Augsburg I.	16. 4. 91	1. 1. 01
86	Krehbiel Heinrich, Menn.	Lohr	1. 4. 94	1. 9. 03
	Tillmann Karl*	Kaiserslautern	1. 1. 95	7. 2. 05
87	Boedl Wilhelm	Ingolstadt	1. 12. 93	1. 10. 03
	Halboth Wilhelm	Speyer	1. 4. 94	1. 10. 03
	Kiefsling Hans	Hof	16. 9. 93	16. 8. 02
	Dr. Riefs Georg*	Neuburg a. D.	1. 7. 94	16. 8. 02
88	Klug Joseph	Nürnberg R.	1. 7. 94	1. 4. 04
89	Dr. Diem Georg	Weiden	1. 9. 94	1. 9. 04
96	Wehrle Heinrich	München I.	1. 7. 98	1. 9. 04

e) Gymnasial- und Real-Lehrer.
(Die Namen der Reallehrer sind eingerückt.)

Konkursjahr	Namen	Anstalt, an welcher jetzt tätig	Gymnasial- (Real-)Lehrer wann?
83	P. Eichinger Ferd., OSB.	Augsburg St.	29. 10. 86
85	Bach Joseph	Augsburg	1. 1. 94
	Faller Otto*	Zweibrücken	1. 4. 94
87	Bilz Friedrich *	Schwabach	1. 9. 94
	Meiser Wilhelm	Neustadt a. A.	1. 9. 94
	Strehl Karl *	Erlangen	1. 9. 94
88	Dr. Fomm Ludwig	München L.	1. 9. 99
89	Dr. Bock Adalbert	Passau	16. 9. 95
	Diesbach Heinrich *	Günzburg	1. 9. 94
	Schmid Alexander	München Lp.	16. 9. 93
	Dr. Böhmländer Karl*	Memmingen	1. 1. 93
90	Brater Karl*	Neustadt a. H.	1. 9. 94
	Hetz Karl *	Kusel	1. 9. 94
91	Dr. Zimmer Friedrich*	Landau	16. 9. 96
92	Daunderer Alois	Rosenheim	16. 9. 94
	Lang Leopold	Landsberg a. L.	16. 2. 98
	Schubeck Joseph	Freising	1. 9. 94
93	Stadelmann Adolf*	Augsburg	1. 1. 01
	Paul Karl*	München L.	16. 10. 94
	Reiſs Hans	Zweibrücken	16. 9. 95
	Schaalmann Markus isr.	Nürnberg I.	16. 9. 95
94	Joerges Friedrich *	Landau	1. 9. 95
	Dr. Killermann Anton	München Lp.	16. 9. 95
	Schmidt Max *	Kempten	1. 9. 95
	Schneider Luitpold*	Kaufbeuren	16. 9. 95
95	Bodky Julius isr.	Nürnberg I.	16. 11. 96
	Engelmann Adolf*	München M. Th.	1. 9. 96
	Fick Emil *	Neuburg a. D.	1. 9. 96
	Janson Andreas	München L.	16. 9. 96
	Heller Theodor *	Nürnberg R.	1. 9 96
	Scheuplein Leopold	Wasserburg	1. 9. 96
	Schöntag Leonhard*	München L.	1. 4. 99
	Schorer Karl Theodor*	Weiſsenburg a. S.	16. 11. 97
	Volck Otto*	Kissingen	1. 9. 96
96	Bachhuber Karl	Kaiserslautern	1. 1. 99
	Bischoff Hermann	Nördlingen	1. 1. 99
	Endrös Anton	Traunstein	1. 7. 98
	Hartmann Ludwig	Bayreuth	1. 9. 98
	Kraus August	Bayreuth	1. 1. 99
	Kuhn Friedrich*	Rothenburg o. T.	1. 7. 98
	Steininger Theodor	Rosenheim	1. 1. 99
	Dr. Wendler August*	München Th.	1. 9 98
97	Deinzer Heinrich	Nürnberg I.	1. 1. 00
	Dr. Haffner Gotthilf*	Fürth	1. 1. 00
	Keyser Friedrich*	Uffenheim	1. 1. 00
	Koch Karl	Nürnberg I.	1. 1. 00
	Mann Philipp Adolf, Meth.	Kirchheimbolanden	1. 1. 00

Konkursjahr	Namen	Anstalt, an welcher jetzt tätig	Gymnasial-(Real-)Lehrer wann?
97	Schretzenmayer Johann	München G.	1. 1.00
	Schwab Gustav*	Bamberg	6. 9.98
	Dr. Wieleitner Heinrich	Speyer	11. 1.00
98	Besold August*	Eichstätt	1. 7.00
	Buckel Gottfried*	Nördlingen	1. 8.00
	Bürzle Joseph	Memmingen	1. 6.00
	Diller Johann Baptist	Würzburg N.	1. 7.00
	Frölich Karl¹)*	Grünstadt	1. 7.00
	Haas Anton	Germersheim	6.11.00
	Häring Georg	Erlangen	11. 1.01
	Dr. Haller Stanislaus	München M. Th.	1. 7.00
	Lohr Wilhelm	Nürnberg I.	1. 9.00
	Luck Anton	München Lp.	6. 9.00
	Dr. Marc Ludwig	München I.	11. 9.00
	Dr. Mayr Robert*	München L.	1. 8.00
	Dr. Mehling Alwin	Fürth	1. 9.00
	Dr. Möller Franz	Eichstätt	6. 2.02
	Dr. Oppenheimer Herm. isr.	Neustadt a. H.	11. 7.00
	Pfeiffer Friedrich	Frankenthal	1. 1.01
	Rauschmayer Karl	Dillingen	1. 1.01
	Sander Johannes Felix*	Wunsiedel	1. 7.00
	Tempel Hans	Ingolstadt	1. 7.00
	Wagner Matthias	Kempten	1. 7.00
99	Andrae Jakob*	Ludwigshafen	1. 7.01
	Dr. Baum Phil. isr.	Ludwigshafen	7. 2.05
	Becker Heinrich*	Landau	1. 9.02
	Fischer Friedrich*	Öttingen	1. 9.02
	Gerhard Arthur	Pfarrkirchen	1. 9.01
	Götz Wolfgang	Regensburg	1. 9.01
	Haberkorn Joseph	Weißenburg a. S.	1. 9.03
	Jahraus Karl*	Ludwigshafen	1. 7.00
	Ibel Thomas	Forchheim	1. 9.02
	Kirchdorfer Karl	Kulmbach	1. 9.01
	Dr. Lampart Eduard	Neuburg a. D.	1. 9.01
	Lesche Otto	Speyer	1. 9.02
	Link Thomas	Bamberg	1.10.01
	Ludwig Wilhelm²)*	Lindau	1. 1.03
	Neugschwender Albert	Lohr	1. 9.02
	Rudel Ernst*	Nürnberg II.	1. 9.01
	Schäble Otto	Neu-Ulm	1. 9.01
	Dr. Schmidt Nikolaus*	Ingolstadt	1. 9.01
	Schmitt Vinzenz	Miltenberg	1. 9.02
	Schneider Joseph	Ingolstadt	1. 9.01
	Schüler August	Kaiserslautern	1. 9.02
	Schwend Karl*	Schweinfurt	1. 9.01
	Sieger Bruno*	Würzburg	1. 9.01
	Stäble Franz	Freising	16.10.03
	Dr. Tachauer Abr. isr.	Gunzenhausen	1. 9.03
	Dr. Wetzstein Georg*	Augsburg	1. 9.01
	Wolbert Ludwig	Wunsiedel	1. 9.01

¹) Auf ein Jahr quiesziert.   ²) 15. 9.04 für ein Jahr quiesziert.

Konkursjahr	Namen	Anstalt, an welcher jetzt tätig	Gymnasial-(Real-)Lehrer wann?
00	Dr. Alt Heinrich*	Kronach	1. 9.04
	Berger Friedrich*	Landau	1. 9.03
	Braun Hubert	Freising	1. 10.03
	Braun Ludwig*	Weiden	1. 9.02
	Büttner Georg	Schweinfurt	1. 10.03
	Degel Oskar*	Bayreuth	1. 9.02
	Donhauser August	Deggendorf	1. 9.03
	P. Dr. Eckerlein Adalb., OSB.	Augsburg St.	1. 4.01
	Dr. Faber Georg	Würzburg N.	1. 9.02
	Freitag Hugo	Ansbach	1. 9.02
	Frör Franz	Rothenburg o. T.	1. 9.04
	Dr. Goller Adam*	Würzburg R.	1. 9.02
	Graebner Georg	Weißenburg a. S.	1. 9.03
	Günther Max	Grünstadt	1. 9.04
	Haug Joseph	Kitzingen	1. 9.04
	P. Hauth Rupert OSB.	Metten	3 11.00
	Heinrich Georg*	Neustadt a. H.	1. 9.02
	Horn Karl	Deggendorf	1. 1.03
	Kürschner Andreas	Traunstein	15. 11.04
	Neumann Hermann¹)	Landshut	1. 12.01
	Pongratz Ludwig	Hersbruck	1. 9.03
	Reissinger Adolf*	Kempten	1. 9.03
	Scherer Vinzenz	Pirmasens	1. 9.03
	Schmidt Wilhelm	Hof	1. 9.03
	Schubert Kurt*	Windsbach	1 9.02
	Dr. Seyler Gotthold*	St. Ingbert	15. 9.01
	Wendl Ludwig	Weilheim	1. 9.03
01	Erb Theodor*	Pirmasens	1 1.05
	Köck Ludwig	Aschaffenburg	1. 1.04
	Stadelmann Georg*	Lindau	15. 9.04

f) Assistenten.

(Die Namen der Assistenten an den Realschulen sind eingerückt.)

00	Matschilles Joseph	Pfarrkirchen	9.02
01	Dr. Amson Ernst*	Augsburg R.	1. 9.03
	Apold Isidor	Ludwigshafen	10. 11.01
	Böckler August*	Landsberg	1. 1.04
	Distler Anton	Nürnberg Ind	—. 02
	P. Erhart Philipp, OSB.	Münnerstadt	—. —. 02
	Fink Anton	Dinkelsbühl	15. 8.02
	Frank Wilhelm	Amberg	1. 9.03
	Hautmann Adolf	Fürth	18. 11.01
	Kistner Hans	Bamberg N.	15. 11.01
	Kürzinger Anton	Nürnberg II.	12. 11.01
	Dr. Leininger Franz	Würzburg	9. 8.02
	Lötz Fritz	Augsburg St.	16. 11.01
	Meyer Joseph	Fürth	—. 04

¹) Zurückdat. auf 99.

Konkursjahr	Namen	Anstalt, an welcher jetzt tätig	Gymnasial-(Real-)Assistent wann?
	Preis Heinrich	Weiden	10. 11. 01
	Dr. Ries Christoph*	Passau	25. 9. 02
	Rollwagen Wilhelm*	Hof	15. 8. 02
	Schön Friedrich*	Kaiserslautern	23. 9. 02
	Trammer Otto	München G.	9. 8. 02
	Wimmer Franz Paul	München Ld.	—. —. 02
02	Bablitzky Karl	Blieskastel	16. 9. 03
	Bicherl Rudolf	Dinkelsbühl	15. 9. 04
	Busch Eugen	Rothenburg o. T.	1. 1. 04
	Daschner Franz	Regensburg A.	1. 10. 03
	Eichhorn Eugen	Lichtenhof	1. 10. 03
	Enzensperger Ernst	München W.	1. 10. 04
	Dr. Helmreich Karl*	München M. Th.	1. 9. 03
	Hirschmann Karl¹)*	München Th.	—. 9. 04
	Hirschmann Moriz*	Nürnberg R.	1. 10. 04
	Hornung Adolf	Dillingen	1. 12. 04
	Karg Georg	Speyer	30. 9. 04
	Köhnlein Friedrich	Ludwigshafen	15. 11. 03
	Lauerer Jakob	Homburg	1. 9. 04
	Dr. Lindner Gerhard*	Passau	1. 9. 03
	Dr. Müller Friedrich	Aschaffenburg	1. 9. 03
	Naegele Martin	Landshut	1. 10. 03
	Nifsl Theodor	Kaiserslautern	1. 10. 04
	Prielmann Pius	München M.	15. 9. 04
	Rhein Hans	Kitzingen	7. 2. 05
	Scheufele Wilhelm*	München R.	28. 9. 04
	Schmid Alois	München R.	22. 9. 03
	Dr. Schneider Friedrich	Kaiserslautern I.	1. 9. 03
	Steidl Karl	Würzburg A.	1. 3. 04
	Sturm Joseph	Gunzenhausen	1. 9. 03
	Tettenborn Karl von	Regensburg	1. 9. 03
	Trottler Joh. Bapt.	Schwabach	30. 9. 04
	Dr. Wagner Joseph	Ludwigshafen	1 12. 03
03	Ballmann Gustav	Donauwörth	16. 11. 04
	Dr. Hilb Emil, isr.	Augsburg R.	1. 10. 04

¹) Zurückdat. auf 01.

3. Neuere Sprachen.

(Auch das einschlägige Lehrpersonal an den Realschulen und an den Industrieschulen ist aufgenommen.)

a) Oberstudienräte.

b) Gymnasialrektoren.

Die Namen der Rektoren und Professoren an den Realschulen sind eingerückt.

c) Konrektoren (Studienräte).

Konkursjahr	Namen	Anstalt, an welcher jetzt tätig	Gymnasial-Lehrer wann?	Gymnasial-Professor wann?	Konrektor wann?
64	Röder Leonhard*	Nürnberg R.	1. 6. 68	16. 10. 82	1. 9. 04
67	Jent Johannes*	Würzburg	10. 10. 67	16. 1. 74	1. 1. 05
70	Mayer Alfons	München Ld.	1. 1. 74	16. 5. 88	11. 8. 04
73	Dr. Wohlfahrt Theodor	München Lp.	1. 9. 87	1. 6. 90	1. 1. 05
74	Borngesser Friedrich*	München Th.	1. 9. 77	1. 6. 90	1. 1. 05

d. Gymnasialprofessoren.

Konkursjahr	Namen	Anstalt, an welcher jetzt tätig	Gymnasial-Lehrer wann?	Gymnasial-Professor wann?
72	Dr. v. Reinhardstöttner K.	München KK.	1. 10. 72	1. 11. 81
73	Dürr Konrad*	Nürnberg Ind.	77	93
74	Meess Balthasar*	Kaiserslautern	77	01
	Spelthahn Johann	Regensburg	77	03
	Dr. Steuerwald Wilh.*	München R.	15. 3. 78	1. 7. 92
75	Arnold Peter	München Gis.	77	87
	Eidam Christian*	Nürnberg N.	1. 1. 77	1. 7. 92
	Schlund Michael	Erlangen	77	03
	Stiefel Arthur L., isr.	München Ind.	79	97
	Wild Joseph	Kempten	78	01
76	Geisser August	Regensburg	80	04
	Marx Theodor, isr.	Speier	77	01
	Mondschein Joh.	Straubing	77	81

Konkursjahr	Namen	Anstalt, an welcher jetzt tätig	Gymnasial- Lehrer wann?	Professor wann?
77	Englert Anton	München L.	82	98
	Recht Joh. Peter	Augsburg R.	1. 2. 85	1. 4. 98
	Riedel Georg	Kaiserslautern	1. 11. 78	1. 1. 04
	Sprater Thomas*	Neustadt a. H.	80	98
	Weinthaler Franz	Augsburg R.	16. 12. 78	1. 1. 97
78	Hollidt Karl	Speyer	10. 10. 81	1. 7. 00
	Dr. Kiene Paul*	Ludwigshafen a. Rh.	12. 10. 82	1. 4. 96
	Kliebenstein Heinrich*	Würzburg	83	98
	Dr. Möller Hermann*	Schweinfurt	16. 12. 81	15. 7. 98
	Schaller Michael	urghausen	16. 5. 88	16. 7. 01
79	Dr. Debétaz Arnold*	Fürth	83	99
	Dr. Fischer Otto	München 4	80	98
	Freyberg Bernhard	Freising	1. 12. 84	1. 9. 95
	Koch Christian*	Baireuth	82	02
	Dr. Ott Philipp	München R.	16. 2. 81	1. 10. 93
	Dr. Raumair Arthur	Rosenheim	16. 8. 81	1. 1. 95
	Türkheim Leo, isr.	Würzburg	84	01
	Dr. Waldmann Michael	München W.	1. 10. 83	1. 1. 95
80	Dr. Friedrich Jakob*	Augsburg St. A.	1. 8. 86	1. 7. 98
	Gantner Max	München Ind.	86	98
	Geer Johann*	Kempten	88	03
	Heeger Georg*	Landau (Pfalz)	1. 2. 82	1. 9. 96
	Karg Julius	Augsburg	84	98
	Kunst Georg	Regensburg	86	01
	Dr. Link Theodor	Regensburg A.	1. 1. 85	1. 7. 98
	Dr. Tüchert Aloys	Straubing	16. 7. 84	1. 1. 98
81	Beck Friedrich	Bamberg N.	16. 4. 87	1. 1. 99
	Blöchinger Franz	Traunstein	87	—
	Derrer Friedrich*	Fürth	1. 6. 88	1. 1. 99
	Eichhorn Karl	Dinkelsbühl	89	
	Hoffmann Balth.*	Würzburg	88	02
	Dr. Modlmayr Hans	Würzburg N.	15. 9. 86	1. 7. 98
	Scherm Christ. Wilh.	Traunstein	84	98
	Dr. Steinmüller Georg	Würzburg A.	1. 3. 86	1. 7. 98
	Thyret Heinrich*	Schweinfurt	90	99
	Wegmann Franz	Weiden	88	99
82	Dr. Ackermann Richard*	Nürnberg A.	1. 11. 89	1. 1. 99
	Dr. Gafsner Heinrich*	München K. K.	15. 9. 87	1. 4. 99
	Glenk Wilhelm	Landshut	92	00
	Spindler Erhard*	Günzburg	15. 8. 90	1. 9. 00
83	Dr. Christoph Friedrich*	München M.	1. 5. 86	1. 1. 99
	Geist August	Bayreuth	16. 9. 90	1. 9. 99
	Dr. Hart Georg	Aschaffenburg	1. 11. 89	3. 7. 00
	Horneber Ferdinand	Amberg	1. 6. 90	1. 7. 00
	Neumaier Hans	Neuburg	1. 6. 90	1. 9. 02
	Rühl Christian	München L.	88	00
	Dr. Stöhsel Karl*	Neustadt a. d. H.	16. 8. 89	1. 7. 00
	Werr Georg	Ingolstadt	1. 4. 93	1. 9. 01
84	Dr. Dannheisser E., isr.	Ludwigshafen a. Rh.	89	02
	Dr. Dhom Heinrich	Eichstätt	15. 7. 89	1. 7. 00
	Dr. Martin Johannes*	Erlangen	1. 6. 90	1. 7. 00
	Dr. Ungemach Heinrich	Regensburg N.	1. 6. 90	1. 7. 00
85	Dr. Herlet Bruno	Bamberg A.	1. 6. 90	1. 7. 00

8

Konkursjahr	Namen	Anstalt, an welcher jetzt tätig	Gymnasial-Lehrer wann?	Professor wann?
86	Dr. Buchner Georg	Hof	1. 5. 92	1. 9. 02
	Henz Heinrich*	Landshut	—	15. 4. 03
	Müller Otto Paul*	Kulmbach	92	02
	Rosenbauer Andreas*	Lohr a. M.	1. 1. 94	1. 9. 02
	Dr. Wimmer Karl	Zweibrücken	93	03
87	Gerbes Nikolaus	Eichstätt	94	04
	Dr. Rantner Hans	Freising	93	04
88	Dr. Manger Karl	Neu-Ulm	94	04
90	Dr. Middendorff Heinrich*	Würzburg R.	1. 1. 95	1. 2. 05

d) Gymnasial- und Reallehrer.

(Die Namen der Reallehrer an den Realschulen sind eingerückt.)

Konkursjahr	Namen	Anstalt	Lehrer wann?
69	Butters Gerold*	Neustadt a. H.	73
71	Schiller Raimund	Wunsiedel	77
75	Baefsler Michael	Kissingen	78
76	Kraus Johann	Lichtenhof	81
	Seidl Joseph	München L.	85
80	Nigg Johann Nep.	Ingolstadt	87
82	Uebelhoer Georg*	Rothenburg o. T.	90
83	Bickel Franz	Ingolstadt	89
	Gärtner Ludwig*	Landau	91
	Lorenz Adolf	Rosenheim	91
	Lüst Hermann	Passau	90
	Dr. Schlosstein J.*	Pirmasens	88
	Weinauer Nikolaus	Fürth	96
84	Brey Joseph	Rosenheim	92
	Schwanzer Pius	München Lp.	93
85	Koch Th. Hermann*	Würzburg	1. 9. 96
	Lutz Christian*	Rothenburg o. T.	94
	Offenmüller Philipp*	Ludwigshafen	90
86	Rinecker J. Andr.	Bamberg	93
87	Dr. Kneer Karl	Dinkelsbühl	93
	Kreuter Wilhelm	Passau	93
88	Dr. Heim Georg	Ansbach	96
	Dr. Ruckdeschel A.*	Erlangen	94
89	Görtz Christian	Kitzingen	97
	Paschke Hans*	Bamberg	94
	Pfann Rudolf*	Hof	95
	Weynauz Jakob*	Pirmasens	98
90	Dr. Bock Franz	Nürnberg R.	1. 9. 96
	Fink Johann	Zweibrücken	96
	Dr. Hammerl Heinr.	Wasserburg	96
	Dr. Küffner Georg	Ludwigshafen	96
	Trabert Joseph	Landsberg a. L.	97
91	Dr. Böhm Karl	Nürnberg II	96
	Dr. Ebner Joseph	Passau	96
	Dr. Fest Otto	Nürnberg I	97
	Grünschneder Joh.	Neumarkt i. O.	97
	Jacobs Arnold	Landshut	93
	Jungwirth Joseph	Amberg	97

Konkursjahr	Namen	Anstalt, an welcher jetzt tätig?	Gymnasial- bzw. Reallehrer wann?
91	Kaiser Joseph	München Lp.	98
	Dr. Kübler August	Münnerstadt	1. 9. 95
	Pohl Lorenz	Kronach	97
	Reichmann Freund*	Kaufbeuren	98
	Dr. Scholl Sigmund	Kempten	1. 9. 93
92	Brunner J. (Lehr-Verw.)	Pfarrkirchen	00
	Danschacher Heinr.	Fürth	98
	Hammerich Peter*	Kaufbeuren	98
	Dr. Hasl Alois	Landsberg	98
	Klein Friedrich*	Ansbach	1. 4. 94
	Dr. Molenaar, H., Men.*	München M. Th.	98
	Dr. Natter Johann	Neuburg	02
	Reibstein Ernst*	Kaiserslautern	98
93	Brücklmeier Otto	München L.	99
	Buttmann Wilhelm*	München L.	99
	Dr. Reinsch Hugo*	Augsburg	99
	Dr. Schlachter Frdr.*	Nürnberg I	99
	Schlagintweit Franz	Lindau	99
	Dr. Schnabel Bruno	Nürnberg II	98
	Schröfl Max	Baireuth	99
94	Dr. Appel Ludwig	Würzburg	00
	Dickhaut Alexander	Aschaffenburg	00
	Fauner Joseph Maria	München Lp.	00
	Gerbig Eugen*	Landshut	99
	Hartmann Ludwig*	Weilheim	00
	Heinemann Dav., isr.	Nürnberg I	00
	Dr. Hofmiller Joseph	München Lp.	99
	Dr. Lebermann, Norbert, isr.	Nürnberg II	00
	Lutz Ernst*	Memmingen	1. 7. 00
	Pfaff Andreas	Nürnberg I	00
	Reff Lorenz	Aschaffenburg	00
	Treubert Joseph	Neu-Ulm	02
95	Bichlmaier Franz	München Lp.	00
	Hentrich Michael	Weifsenburg a. S.	02
	Küspert Gottlob*	Hof	98
	Dr. Schiessl Johann	Passau	00
	Öfelein Anton	Nördlingen	99
97	Berger Max*	Landau	03
	Dr. Buff Friedrich*	Hof	03
	Denk Karl*	Straubing	02
	Dr. Eiselein Adam	Nürnberg I	01
	Kempf Johann	Kaiserslautern	03
	Dr. Köhler Friedr.*	Neuburg	02
	Dr. Öftering Michael	München M. Th.	01
	Schmachtenberger Ph.	Freising	03
	Speidel Theodor*	Nürnberg II	1. 9. 01
	Stinglhamer Herm.	Passau	1. 10. 01
	Walter Primus	Dillingen	15. 9. 02
98	Beck Christoph	Deggendorf	04
	Blaser Joseph	Annweiler Lat.	1. 9. 04
	Dr. Glogger Plazidus, OSB.	Augsburg St.	18. 9. 00
	Dr. Broili Otto	Augsburg	03

Konkursjahr	Namen	Anstalt, an welcher jetzt tätig	Gymnasial bzw. Reallehrer wann?
98	Dr. Degenhart Max	Weilheim	03
	Dr. Eichinger Karl	Kaiserslautern I.	03
	Kratz Friedrich	Ansbach	04
	Haber Jakob*	Schwabach	1. 9. 04
	Dr. Kroder Armin*	Nürnberg I.	03
	Dr. Leykauff Aug.*	Nürnberg II	03
	Dr. Öhninger Ludw.	Augsburg	03
	Pfündl Wilh.*	Zweibrücken	15. 11. 04
	Reger Karl	Speyer R.	1. 1. 05
	Schramm Philipp	Winnweiler	1. 9. 04
	Weitnauer Karl*	**Hersbruck**	1. 1. 05
	Wicht Hans	Kissingen	04
99	Amann Peter	Neustadt a. A.	1. 1. 05
	Prosiegel Theod.*	Nürnberg I.	03
	Steinmayer Joseph	Homburg	1. 1. 05

e) Assistenten.

00	Anselm Philipp	München Lp.	3. 11. 01
	Maurus Peter	München R.	1. 10. 02
01	*P.* Huber Michael, OSB.	Metten	1. 9. 02
	Dr. Zimmermann Hugo*	Nürnberg R.	02
02	Dr. Bauer Andreas	Freising	22. 10. 04
	Biedermann Alfons	Nürnberg R.	1. 10. 04
	Frey Nikolaus	Wunsiedel R.	15. 11. 04
	Rab Karl*	Speyer	10. 10. 04
	Dr. Schmid Karl	München R.	—
—	*P.* Riedermair Bruno	Schäftlarn	—

4. Religion.

Gymnasialprofessoren mit pragmatischen Rechten.

Namen	Anstalt	Wann pragmatisch?
Naegelsbach Karl*	Bayreuth	1. 10. 74
Rohmeder Adolf*	München Ld.	16. 9. 92
Treppner Max, Pr.	Würzburg R.	1. 1. 95
Faltermayer Heinrich, Pr.	Burghausen	1. 7. 96
Kullmann Johannes, Pr.	Aschaffenburg	23. 7. 96
Reeb Jakob, Pr.	Zweibrücken	23. 7. 96
Mezger Hans*	München M.	23. 7. 96
Girstenbräu Franz X., Pr.	München W.	23. 7. 96
Dr. Löhr Beda, Pr.	Würzburg A.	23. 7. 96
Sabel Gotthold*	Bamberg A. u. N.	23. 7. 96
Gümbel Karl Ludwig*	Speyer	16. 11. 96
Dr. Oechsner Timoth., Pr.	Würzburg N.	23. 7. 96
Euler Karl*	Landau	10. 10. 97
Mayer Alois, Pr.	Freising	1. 2. 00
Dr. Koegel Joseph, Pr.	München M	10. 3. 00
Engelhardt Wilhelm*	München W.	16. 4. 00
Laemmermeyer Karl, Pr.	Neuburg a. D.	1. 4. 01
Lebon Jakob, Pr.	Speyer	1. 6. 01
Eckerlein Friedrich*	Nürnberg A.	1. 1. 02
Hoffmann Jakob, Pr.	München Lp.	1. 8. 03
Dr. Winter Martin, Pr.	München Th.	16. 10. 03
Frauenhofer Georg, Pr.	Bamberg N.	1. 12. 03
Koch Franz Jos., Pr.	Regensburg N.	1. 1. 04
Stadlmann Ludwig, Pr.	Amberg	1. 1. 05

5. Realien.

a) Oberstudienräte.

Konkursjahr	Namen	Anstalt, an welcher jetzt tätig	Lehrer wann?	Gymnasial-Professor wann?	Rektor wann?	Oberstudienr. wann?
67	Krück Michael*	Würzburg R.	1.10.69	1.10.72	16.9.78	1.1.01

b) Gymnasialrektoren.

68	Dr. Vogt Wilhelm*	Nürnberg R.	27.6.70	15.10.77	1.9.95	

b) Gymnasialprofessoren.

74	Dr. Goetz Wilhelm*	München K.K.	—	1.10.90	
76	Stauber Anton*	Augsburg R.	16.11.78	16.1.80	
77	Simmet Ludwig	Augsburg R.	1.12.78	15.11.95	
78	Dr. Müller Johannes*	Nürnberg R.	1.12.83	1.7.98	
	Dr. Stöckel Hermann	München R.	1.7.81	1.7.98	
83	Dr. Wifsmüller Christ.*	Nürnberg R.	1.1.92	1.9.02	

e) Gymnasiallehrer.

94	Wimmer Georg	München R.	1.9.04	
95	Dr. Caselmann August*	Nürnberg R.	1.7.98	
97	Dr. Jobst Dionys	Augsburg R.	1.9.03	

f) Assistenten.

99	Drexel Karl	München R.	6.10.01
	Dr. Glock Anton	München R.	7.1.02
	Reinhart Richard	Würzburg R.	3.8.03
	Spandl Hans	Nürnberg R.	—
00	Morhart Heinrich	Nürnberg R.	12.10.03

6. Naturwissenschaften.

Gymnasialprofessoren.

Konkursjahr	Namen	Anstalt, an welcher jetzt tätig.	Gymnasial-Lehrer wann?	Gymnasial-Professor wann?
70	Dr. Hecht Otto	Würzburg R.	1.10.72	16. 1.74
71	Dr. Heerwagen August*	Nürnberg R.	1.10.72	1. 8.94
73	Dr. Heut Gottlieb	Augsburg R.	1. 9.76	15.11.84
77	Dr. Bokorny Thomas	München K. K.	19. 8.92	1.12.94
82	Dr. Düll Ernst*	München R.	1. 9.91	1. 1.03

7. Zeichnen.

a) Studienräte.

Konkursjahr	Namen	Anstalt, an welcher jetzt tätig	Gymnasial-Lehrer wann?	Professor wann?	Studienrat wann?
66	Pohlig Karl Theodor*	Regensburg N.	16.12.69	16. 9.78	1. 1.05

b) Gymnasialprofessoren.

	Namen	Anstalt	Gymnasial-Lehrer wann?	Professor wann?
67	Niedling Anton	Augsburg R.	1.12.67	16.10.92
77	Schnell Richard	Nürnberg R.	16.12.81	1. 3.97
78	Reichhold Karl*	München R.	1.10.83	1. 3.02
79	Krämer Georg*	Nürnberg A.	1. 7.00	4. 1.04
	Sedelmaier Max	Würzburg R.	1.10.87	1.11.03
80	Wittmann Erhard*	Augsburg A.	1. 7.00	1. 1.05

c) Gymnasiallehrer.

	Namen	Anstalt	Gymnasial-Lehrer wann?
81	Nägle Franz*	Erlangen	1. 5.96
82	Morin Heinrich, altk.	München Lp.	1. 7.00
	Michel Friedrich*	Straubing	1.10.98
	Weinisch Karl	München Ld.	1. 5.96
83	Hessel Max*	Bayreuth	1. 1.03
	Röhrl Martin	Passau	1. 7.00
84	Merlack Max	Bamberg A.	1. 7.00
86	Zahler Franz Xaver	München M.	1.10.00

CPSIA information can be obtained
at www.ICGtesting.com
Printed in the USA
BVHW04*1110170918
527708BV00014B/1789/P